介護福祉士・伊藤亜記の
介護現場の「ねこの手」シリーズ③

介護業界のねこの手　伊藤亜記の

入門! 介護記録

介護コンサルタント・介護福祉士・
株式会社ねこの手代表
伊藤亜記／編著

なぜ介護記録が、思うようにうまく書けないのでしょうか？
その理由がズバリわかるのが本書です！

細かい文章のあり方より、もっと、大切なことが抜けていることが多いからなのです！

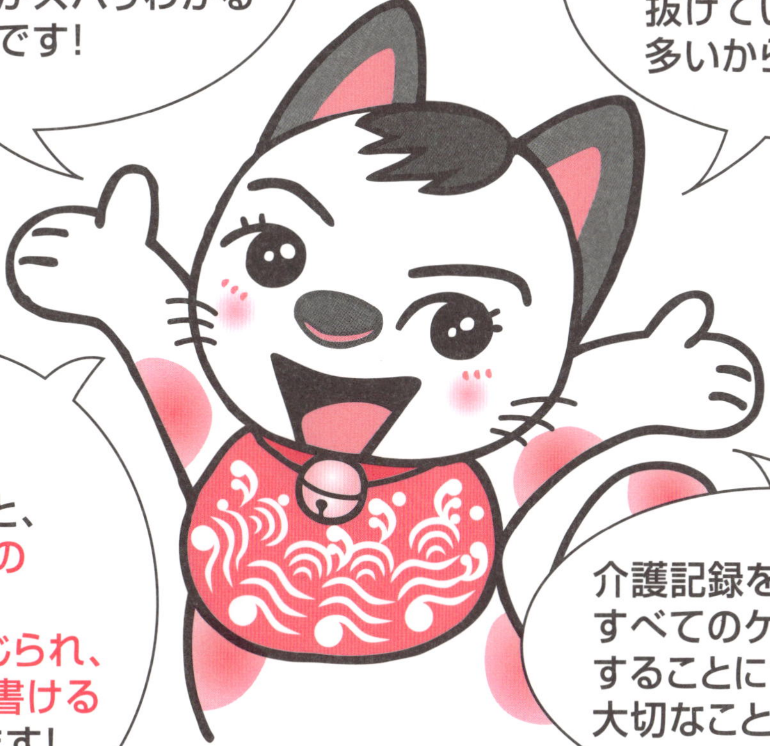

この本を読み進めると、介護の仕事の喜びが増し、楽しさも感じられ、介護記録も書けるようになります！

介護記録を書くことは、すべてのケアをよりよくすることにつながる、大切なことなのです。

次のページへ！

ひかりのくに

介護業界のねこの手 伊藤亜記の

入門！介護記録

はじめに

＊ ベストセラーシリーズ待望の初級編 ＊

2007年7月に発行された『添削式 介護記録の書き方』（ひかりのくに）は、お蔭様で14刷となり、介護業界の書籍や雑誌販売が難しい中で1万8千部を突破するベストセラーとなり、第二弾の2010年7月に発行された『添削式 介護記録の見方・書き方』と共に、現在でも多数の介護現場の皆さんを中心に、ご愛読を頂いています。

そのご縁から、全国で多数の講演もさせて頂く中で「記録が書くことが苦手な人でも楽しく理解ができる、よりわかりやすい本を是非、書いて欲しい！」という受講者や読者の皆さんのお声から、今回、今まで出させて頂いた介護記録のシリーズの初級編となる『入門！介護記録』の本を出させて頂くことになりました。

＊ ますます重要視される介護記録 ＊

2012年春の介護保険報酬改定は、改定率プラス1.2％といわれていますが、介護職員処遇改善交付金2％相当（外付け）がなくなり、介護報酬（介護職員処遇改善加算の原資含む）として改定率が1.2％になり、実質0.8％の減収になりました。

また質の高い介護サービスの確保として、「要介護認定データと、介護報酬明細書の突合」等によるデータベース化もされ、事業所評価として次回以降の報酬改定には各事業所ごとの異なる単位として、また地域によっては、2013年4月1日を基準日として、過去1年間の入所者（特養、老健、ケアホーム）の要介護度の変化を調べ、介護度1段階改善につき月額2万円、最長12か月の奨励金の交付を決めるところも出てきました。

ケアの姿勢としては、在宅生活における、医療と介護の連携による「ケアの継続性」や「生活期リハの重視」で、ADL（基本的日常生活動作：身の回りの動作"食事・トイレ等・移動動作"）の向上だけでなく、IADL（手段的日常生活動作：生活上の複雑な動作"買物・調理等"）の向上も事業所に求められる中、お客様やご家族へも今までの「至れりつくせりの介護」ではなく、「自立・自律支援の介護」の理解も必要になりました。

また2012年から開始の内閣府「キャリア段位制度」でも、介護サービスを提供している事業所・施設において、一定の要件を満たした「アセッサー」と呼ばれる方が、介護職員の日ごろの仕事の様子や業務の記録等を実際に見て評価する「内部評価」をされることとなっていますが、この評価基準でも「記録」も重要視され、介護保険制度の中で1割お客様のご負担で、9割の半分が40歳以上の方が支払われる介護保険料、残り半分が公費の中で、このお金が介護事業で正しく使われているかの確認を含んだ行政からの定期的な「実地指導」の際も「記録」で皆さんの日ごろのお客様への「介護の姿勢」や「心」を評価されます。

＊ あなたの介護記録で笑顔の輪を！ ＊

「記録」の意味を辞書で調べると「将来のために物事を書き記しておくこと」とも書かれていますが、この本を通じて、日本中の介護現場の皆さんの「介護記録」が、「福祉専門職の輝かしい将来のために物事を書き記しておく」ことや「福祉専門職の努力が認められる正しい評価」につながり、たくさんの笑顔の輪が、広がることを心からお祈り致しております。

介護コンサルタント・介護福祉士・株式会社ねこの手代表
伊藤亜記

**介護記録をもっとやさしく学びましょう！
書くのが楽しくなります！**

アキねこ先生

アキねこ先生の楽しい講座です！

現場を再現しつつ、介護記録の意味を考えながら、どうすれば書けるのかがわかります。

この本の
ⅡとⅢの①②③に
出てくる
人たちです！

まだまだだけど、がんばるわね！私、この仕事が好きだから。

訪問介護・ミサコさん

ご利用者・Kさん

Kさんって、すごいんです。そのことをもっとうまく記録に残せるよう、がんばります。

（上記とは別に、入所に関しては、特養でのJさんの例で、別の学びが盛りだくさん！（Ⅲの④））

ケアマネジャー・サユリさん

私のケアプランと、みんなの記録、そして、いろいろな人たちの思いがKさんを元気にしていくことがわかります。その中で、記録の大切さと書く上での基本が身についていきますよ！

通所介護・リョウくん

いいところがいっぱいの本です！

🐾 著者の体験談なども踏まえての介護記録の見直し…（この本のⅠ）

🐾 ○ よくわかる朱書き…中でも 極意 だけでも見ていくところから…（この本のⅡ）
○ 記録を書く上で大切な、参考資料（マニュアル的な）として
　認知症・水分補給・虐待などについて学べる  のコーナーも！（この本のⅢ）
○ 実地指導のポイント解説のコーナーも！（この本のⅢ）

🐾 ポイントチェック・用語解説・Q&Aもついています！（この本のⅣ・Ⅴ・Ⅵ）

ぼくたちといっしょに、さまざま学んで、介護記録がしっかりと書けるようにがんばりましょう！

いろいろな人たちが助け合いながら……

もくじ

■はじめに……………………………介護コンサルタント・介護福祉士・株式会社ねこの手代表　伊藤亜記…2
■アキねこ先生の楽しい講座です!……………………………………………………………………3

I章　介護記録について今一度考えてみましょう!……………6
①ご利用者のために書く……忘れていませんか?………………………………………………………6
②介護者自身のためでもある……忘れていませんか?
　……みなさんのモチベーションを上げる! 仕事をした証(あかし)! いい仕事のために!………8
③何をどう書けばよいか?………………………………………………………………………………10
④介護記録がないと困ったことに………………………………………………………………………12

II章　介護記録がスラスラ書けるようになるための、
　　　介護そのものの流れなどのおさらい………………14
①介護の目的とは?………………………………………………………………………………………14
②生活全般の解決すべき課題(ニーズ)…………………………………………………………………16
③介護保険法に原点回帰!…制度見直しについても……………………………………………………18
④介護記録の目ざすところ、つながり…………………………………………………………………20
⑤ケアプラン第2表から介護計画へ……………………………………………………………………22

III章　介護記録を見直そう!……………………………24
1・訪問介護の記録(介護職・ミサコの記録)……………………………………………………………24
2・通所介護の記録(理学療法士兼介護職…通所…リョウの記録)………………………………………34
3・ケアマネジャーの「支援経過」(Kさんの)……………………………………………………………42
4・施設介護の記録(入所…特養)…………………………………………………………………………44

各種マニュアルなども……!

Ⅳ章　介護記録を書くポイントとそのチェック……………56
　介護記録・不備項目チェック確認表（記入する際の注意点）…………………58
　介護記録・不備項目チェック確認表（グループ集計用）…………………………60

Ⅴ章　介護記録をスラスラ書くための用語・名称解説……62
　[1]　介護記録をスラスラ書くための用語解説（五十音順）……………………62
　[2]　介護記録をスラスラ書くための横文字略語……………………………66
　[3]　間違えたくない！　よく使う尊敬語………………………………………67
　[4]　状態を示す用語……………………………………………………………67
　[5]　絵でよくわかる！　体の名称………………………………………………68
　[6]　絵でよくわかる！　体位の名称……………………………………………69

Ⅵ章　介護職のやる気アップQ&A
　　　～介護記録がスラスラ書けるようになるために～ ………………70
　● 介護記録には夢が詰まっています……………………………………………70
　● 介護記録の書き方の基本………………………………………………………71
　● そもそも「介護」とは……？……………………………………………………74
　● 介護の理解を深めましょう……………………………………………………75
　● ご利用者とよい関係を築くためには、真心と先を見る視点が大切…………76
　● 記録の悩みいろいろ……………………………………………………………78
　● 職員に育成について……………………………………………………………79

編著者紹介・奥付……………………………………………………………………80

本文イラスト／村松麗子
編集協力／堤谷孝人
企画編集／安藤憲志
校正／堀田浩之

I 介護記録について今一度考えてみましょう！

介護記録を、ただの「してあげた日記」にしていませんか？ 多数出ている「文例集」や「場面別の書き方」や「解説」など、それらを読んでも「そうか（わかった）！」がどうも理解できない、ということがないでしょうか。
この章では介護記録について、今一度、考えてみましょう。私（筆者・伊藤）の経験談も添えて、ぜひ現場をイメージして読んでみてください。
介護記録を本来の目的に立ち返って書こうとするとき、きっと、介護の基本・原点・未来が見えてきます。

①ご利用者のために書く……忘れていませんか？

◎介護記録は、**人が人を心から元気にすることを誇り**として、あなたの言葉で記録しましょう。ただの観察記録ではありません。
あなたとご利用者の「**夢かなえノート**」なのです。何かしたい、何か食べたいという夢を叶えるものです。

◎よく、記録の研修に参加された受講者から
「**記録を書く意味がわからないのですが？**」
と相談をされることがあります。記録は、排泄、食事、入浴などの、一場面ごとの書き方を覚えるものではありません。

◎例えば、
排泄や食事だったら、どこの行為までご自分でできるようになったのか。
入浴だったら、お客様がどこまで自分で洗えるようになったのか。
このように、ご自身でできるようになったことをきちんと記していくのが、介護記録を書くうえで大切なのです。

◎また、そのために、みなさんの声かけが重要な意味を持ちます。**声かけも記載しておくことにより、チームで同じ声かけをし、ご利用者の自立支援につなげていくことができます。**

場面ごとの書き方を覚える……のではありません

そのご利用者の目標により、場面ごとの視点も変わります。ご利用者の状態とニーズによって、書き方が変わるのです。

食事の場面 でも……

嚥下障害で……

嚥下障害のため、○○さんは姿勢をよくしてから介助した。

右マヒで……

自分で食べたいという○○さんなので、自助具を使うように勧めた。じょうずに口に運べた。

排泄の場面 でも……

おむつで……

○○さんはお尻がただれて痛そうなので、医師・看護師の指示に従って、おむつ交換時に消毒にもなる塗り薬を患部に塗った。

自分で……

自分で行なおうとされる○○さんの気持ちを大切にして、「ご自分でされますか？」と声かけをした。

入浴の場面 でも……

高血圧だから……

高血圧ぎみの○○さんが、お風呂でふらついたので、すぐに出て寝てもらった。看護師に報告し医師の診断を受けたが、睡眠不足からの体調不良ではないか、とのこと。明日の入浴を控え、入眠剤を処方され、ようすを見ることとなった。

ひとりで入れるようになりたい……

右マヒの○○さんは、ひとりでお風呂に入れるようにズボンをうまく脱げるよう、動く方の足から脱ぐことを勧めた。

ワタシが介護をしていたころの話です！（その1）

お声がけの大切さ

私は祖母の介護をしていました。祖母は、病院の医師からC型肝炎が進行し、「余命半年」を告げられていました。しかし、祖母はその後、2年半も生き永らえることができたのです。それは、私の手厚い介護によってだけではなく、かかわった看護師さんたちの

"魔法の言葉"

があったからだったと思っています。

余命半年を宣告されたときに、当時、小児科医で勤務医だった祖父が、「自分の病院で看取りたい」と言いました。祖父が勤務していた病院には併設で老人病院があったため、そこで看取れると考えたのです。

腰の骨を折り、寝たきりにもなり、認知症だった祖母は一時は私のことを"母親の弟"だと思い込むまでになっていましたが、環境の変化と看護師さんたちによる魔法の言葉で、回復しました。

「奥様」

というたったひとつの言葉によってでした。「奥様」という言葉が認知症だった祖母のプライドを蘇らせたのです。

介護職は、基本的に医療行為はできません。しかし、この出来事から、私はどんな腕のいい医者よりも、どんな高価な薬よりも、

介護において魔法の言葉が効果を発揮する

と確信しました。

元気になった祖母に対して、私はある日、こう聞きました。「おばあちゃん、今、何をしたい？」。祖母は、「うちに帰りたい」と言いました。しかし、祖母はまだ寝たきりだったため、「今の状況ではうちでは見れないから、おばあちゃん、リハビリがんばって」と声をかけました。

→ 祖母の「何とか家に帰りたい」という気持ちは日に日に強くなり、それがリハビリへの意欲につながり、杖歩行で一時帰宅までできるようになりました。

介護をしていると、日々の仕事に追われるため、どうしても見失うことがあるかと思います。しかし、**その人のニーズとは「元気になりたい」「何かしたい」「何かを食べたい」などという願い事であり、それをかなえるのが私たちの仕事**です。それに向かうプロセスを記載しておくことが介護記録の役割なのです。

自分の家族が介護を受ける立場になったときを想像しながら、どうか諦めずにご利用者と向き合って、ニーズをいつも確認し、どんどん元気になっていただくための自立支援のケアについて考え、邁進していっていただきたいと思います。

🐾 ひとことメモ

みなさんは、自分が思っているより文章が書けます！だって、大切な友人や家族には、ときには長文メールをしますよね！
そのような感じで、だれでも大切なご利用者を頭に浮かべて記録を書けるはずなのです！
不安にならなくてだいじょうぶですよ！

② 介護者自身のためでもある
……忘れていませんか？
……みなさんのモチベーションを上げる！仕事をした証（あかし）！
いい仕事のために！

◎介護記録は、みなさんががんばった証（あかし）です！

働く人は、だれでも
「必要とされたい」
「褒められたい」
「認められたい」
「愛されたい」
と思っているといわれます。そう感じることが多ければ、仕事にやりがいを見出すことができるようになります。
しかし、そのためには相応の努力をしていなければなりませんし、目に見える結果が伴うことも必要です。
「介護記録をきちんと書く」というのは、仕事のがんばりが上司などほかの人に伝わることにも繋がりますし、自分の仕事への自信やモチベーションを上げることにもなります。

◎介護という仕事のすばらしさを再認識

医療や看護では、冷静かつ客観的にご利用者を観察して、記録することが求められます。介護は、そうすると、冷たくて他人事となってしまいます。ご利用者に共感的にかかわることで、「もう生きるのをやめよう」などと考えてしまっている高齢者が「もう一度生きてみよう」という気になる、そのような場面に居合わせることできる感動を味わうことができます。これが介護職の専門性であり、すばらしさであり、誇りにしていきたいところです。
ご利用者が「こうありたい」と考えるところに、共に近づいていこうとする中で、介護職自身が見たり聞いたり感じたりしたことを、自分の言葉で記録してみましょう。医療用語の理解は必要ですが、家族にもわからないような専門用語を使うことがよい介護記録につながることはありません。

本書のP.62〜の「用語集」は、「専門用語を使わないための用語集」となっています。

スラスラ書けるようになるために……

記録をスラスラ書くために、次の3つを意識しましょう。苦手意識を捨て、

① **難しく考えすぎないことです。**
書く前に難しく考えすぎると書けなくなります。まずは、書いてみることです。
読者のみなさんは、よくメールを打つなど、多少でも文章に親しみがあるでしょう。文章は書けるのです。

② **面倒がらずに、できるだけその日のケア後に、速やかに書きましょう。**
ケアをする中では、下記のように備忘メモをお勧めします。

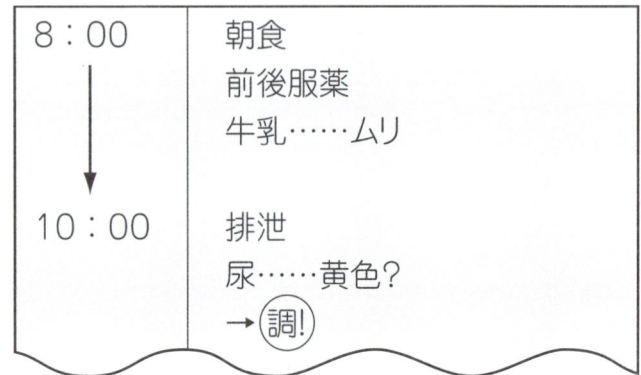

などとメモを残しておけば、思い出しながら時の経過を追って記録が書けます。自分が後で書きやすくするための工夫のひとつです。

③ **何から何まで全部書こうと思わないで……！**
実施記録（作業伝票的なもの）と経過記録（ケース記録）をうまく使い分けましょう。
チェックしたり○印を入れたりするだけの実施記録と、文章を書く経過記録は記録の目的が違います。
・その日にしたこと＝実施記録にケアプランの計画内容をすべて記載
・その中で報告・連絡・相談を行なった内容を経過記録にすべて記載

☆ **「生活全般の解決すべき課題（ニーズ）」**
につながると思われるところについて、経過記録に
5W1H＋I（"私"ならどうされたいか）
の視点で読み返しましょう。

I 介護記録について今一度考えてみましょう！

ワタシが介護をしていたころの話です！（その2）

俺はあいつが嫌いだ！

　私は施設で働いていたこともありました。そのころのお話です。
　夜勤明けの朝でした。脳梗塞後、片マヒのご利用者Sさんが、朝食前のみなさんといっしょにホールにおられるとき、私のほうを指さして

「俺はあいつが嫌いだ！」

と大きな声で言われたのです。夜勤明けで疲れが重なっていましたが、突然の言葉で目が覚めました。ショックでどうしたらいいかわかりませんでした。

　しかし、そのあとに、どうして私に対してああいうことを言われたんだろうと冷静に考えました。そして、次の夜勤が明けたとき、Sさんに

「先日は、申し訳ございませんでした。私のどこがいけないのか教えてください」

と聞きました。
　Sさんがおっしゃるには、「君は言葉がきついんだよ」とのこと。そこで、私は自分のケアを振り返ろうと、**今まで自分がSさんにかかわった記録を読み返しました**。そして、Sさんに対する姿勢や気持ちがどこか淡々としたものだったこと、それがSさんへのケアにつながっていたことに気付きました。

　すぐにSさんに反省とともにおわびをしました。そして、Sさん以外の方も含め、**声かけするときには「○○ですね」と、その方に対して確認をするような言葉がけに変えるようにしました**。やがて、Sさんとも少しずつ普通に会話ができるようになりました。

→　ある日、Sさんが「君はどこから来てるの？」と聞かれ、住所を話すと、偶然にも祖父が昔、Sさんのお子さんの命を小児科医で救ったことがわかりました。それからはすっかり打ち解けて話ができるようになりました。「きっと、天国にいる祖父が私に気づかせてくれたんだ」という祖父への感謝と共に、Sさんが私にそのことをすなおに教えてくださったことに対する感謝の念も感じることができました。

　いろいろな方がおられます。スムーズにコミュニケーションが取れる方ばかりではありません。しかしながら、その方を避けてしまうと、介護のプロとしてさまざまな方にかかわることができず、自分自身の知識や技術、人間性の向上が目ざせないと思います。
　私は、自分の行為から記録を読み返し、反省できたからこそ、介護を通じていろいろな方とつながることができるようになりました。みなさんも、コミュニケーションが取りにくいご利用者であっても、記録を読み返しながらじょうずな声かけのしかたを学び、積極的に接していくことを心掛けてください。

🐾 参考図書

既刊本も読んでネ！

1冊目『改訂版　添削式 介護記録の書き方』
2冊目『介護記録の見方・書き方』
両方ともに、三好春樹先生に
感動的な推薦文をいただいています！ぜひ読んでください。介護職の誇りをどこで感じるかがわかります！

③何をどう書けばよいか？

介護記録はご利用者が目ざすところに向かう介護を記すものです。目ざすところとは、ケアプランのこと。そして、その中でも特に……

○ご利用者が「こう在りたい」と願っているところは？

本書 P.14 から詳しく説明しますが、ケアプランにのっとった介護が下敷きにあってこその記録です。何となく言われたことをしているだけの"あったこと日記"ではダメです。

では、ケアプランの中のどこがもっとも大切なのでしょうか。
それは、ケアプラン第2表の

「生活全般の解決すべき課題（ニーズ）」

の欄に書かれてあることなのです。これがご利用者が目ざすところです。この解決のために、あなたの介護があることを忘れてはなりません。

みなさんが今、担当しているご利用者について、早速、再確認してみましょう！

ここをしっかりと認識して介護に臨みます。そのうえで、どうだったか……。これが、介護記録を書くための本来の視点なのです。

「生活全般の解決すべき課題（ニーズ）」
から、第2表をずっと右へ見ていくと、
　↓
「目標（長期と短期）」
　↓
「援助内容（・サービス内容
　　　　　　・サービス種別
　　　　　　・頻度
　　　　　　・期間）」
と出てきて、みなさんの介護内容の根拠がわかるようになっています。

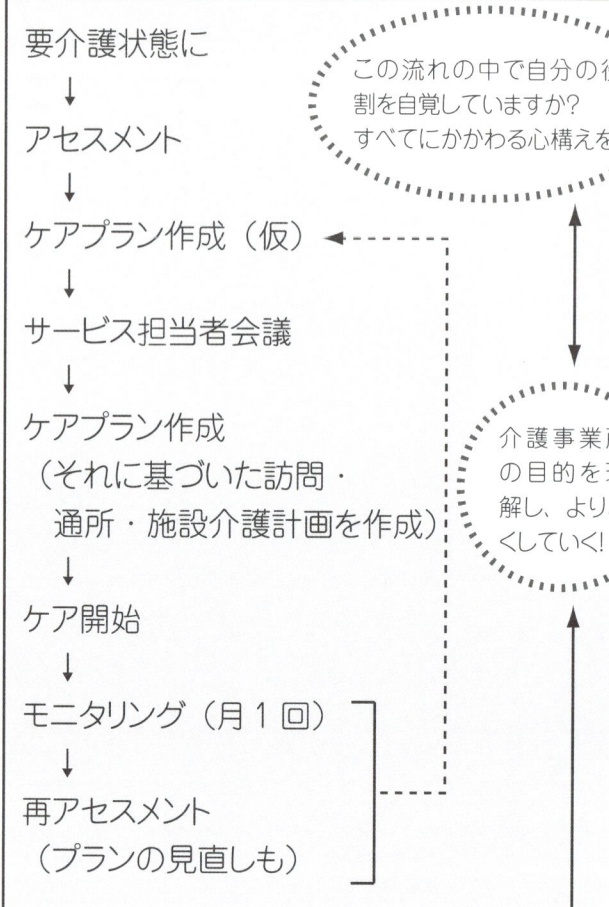

ケアの（流れ・目的）を理解していますか？

要介護状態に
↓
アセスメント
↓
ケアプラン作成（仮）
↓
サービス担当者会議
↓
ケアプラン作成
（それに基づいた訪問・
　通所・施設介護計画を作成）
↓
ケア開始
↓
モニタリング（月1回）
↓
再アセスメント
（プランの見直しも）

この流れの中で自分の役割を自覚していますか？
すべてにかかわる心構えを！

介護事業所の目的を理解し、よりよくしていく！

何のため？
少しでも介護度を下げ、元気になっていただくため。
※「してあげる」のではなく、「ご自分でできるように援助する」（「自立支援」が本来の目的）
※ご利用者の人となりを知り、その方の人間力・生きる力を、心から支援！
◎そのために、どうして、どうだったかを書く！

参考図書

参考に！

既刊本1冊目『改訂版　添削式 介護記録の書き方』P.16
既刊本2冊目『介護記録の見方・書き方』P.24
……併せて読み、理解を深めてください！

I 介護記録について今一度考えてみましょう！

今ある様式をみなさんの工夫で自分の持てる記録に

オススメ記録メモ帳例

介護記録メモ帳の例
（A6……文庫サイズくらいのノートです）
いつもポケットにペンといっしょに入れておくとよいです
→備忘メモとして
→その場では記録というより覚え書き

ケア後
実施記録（作業伝票）や
経過記録（ケース記録）へ反映！
1人・1日に1ページと決める！
別の人の内容を書き足さない！

20本くらいのケイ線のみの、製本されたちぎれないノートがよい

ケアに当たった年・月・日・時間

○年○月○日○曜日　○時○分～○時○分

山下　A男　様／介護度3

ご利用者の氏名

○生活全般の解決すべきニーズ
○ケア内容……契約内容
○したこと（時系列）とご利用者のようす、
　気になったことメモ

時間	したこと	ようす	気になること

○連絡事項
　（家族から、事業所から、本人から……）
○ケア後にすること、その他

どうできる部分を増やすかイメージできるように。ケア毎の前日に書き込むと、ご利用者のニーズを思い出せ、スムーズなケアにつながります

毎日、書きます……自分の役割を確認し、「効果がない、達成したと思ったら、ケアマネや上司に報告・連絡・相談しましょう！」

このように、文章になっていなくてもよいので、後で思い出せるように、自分なりのキーワードやマークを書いておきましょう！
空欄は禁止にしましょう（や😠などのマークだけでもOK！）

「5W1H+I」を書いておく（ノートを買ったら初めのページに書き込む！）

When（いつ）、Where（どこで）、Who（だれが）、What（何を）、Why（なぜ）、How（どのように）／I（私ならこうして欲しい！）※

※Iを入れるのは、自分の考えを押しつけるのではなく、ご利用者の立場になって「どう元気になりたいのか」の視点を持つためです。

④介護記録がないと困ったことに……（その1）

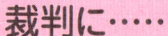
裁判に……

虐待を疑われた

　ある施設での出来事です。ご利用者のご家族から**「虐待の疑い」**をかけられ、裁判沙汰にまでなったことがありました。認知症のご利用者で、自分に何があったか、うまく事情をご家族に話せません。ご家族は、大きなあざがあったことから、「虐待したのではないか」と介護者に疑いを向けたのです。

　こういった事例は、少なくないと思います。こういうときに、頼りになるのが、介護記録なのです。もし虐待が疑われてしまった場合は**「この記録を見てください」**とご家族に説明すればよいのですが、記録を書いていなければ、このような手段が取れません。
　この場合では、例えば記録に認知症の症状や対応した内容などの文言があれば、「虐待ではなく、おひとりのときに転倒があったのだろう」と想像することができます。その場合は、転倒を予防するために、一度、カンファレンスをする必要があります。

　介護で大切なことは、ひとつひとつのケアに気をつかって、しっかりと記録をしていくこと。場所、時間、固有名詞、ご利用者の反応や言動などを、的確に記録に入れましょう。

　もうひとつ大切なことは、ご利用者並びにご家族との信頼関係です。ご利用者の夢をかなえ、みんなが幸せになるためには、多くのコミュニケーションがある介護をすることが重要です。
「この人は虐待をするような人ではない」
といった信頼関係をきちんと築き、何か事故があっても疑われることがないようにしたいものです。

 ひとことメモ

疑いをかけられたり、通報されたりするということは、ご利用者やご家族から信頼されていない証といえます。もっといえば、ふだんの介護においても、ご家族の間ではいろいろといわれているかもしれないということです。細かい介護記録で、「しっかりと介護をしてくれている」と自分を信頼してもらえるように努めましょう。

Ⅰ 介護記録について今一度考えてみましょう！

④介護記録がないと困ったことに……（その2）

実地指導に……

介護記録で「報・連・相」

実地指導にも配慮する必要があります。左ページの「虐待の疑い」とも繋がりますが、介護保険制度においては、虐待を疑われるような通報があれば、「高齢者虐待防止法」に基づき行政がすぐに調査に入ります。

そのため、実地指導ではまず、虐待について確認されることあります。施設長や管理者等は、介護スタッフが虐待を行なっている気配をいち早く察知する必要があります。介護者であっても、虐待のペナルティは施設・事業所全体に課せられるものですから、同僚のようすにも気を配っておきましょう。虐待が見つかれば、「ほかの介護においても、何か問題があるのではないか？」と疑いを持って、細かく調べられます。

介護の内容を知りたいときに、頼りになるのは、やはり介護記録です。**介護記録が「報・連・相」のツールになる**わけです。

介護記録をしっかりと書けば、介護の内容に一貫性が出てきます。一貫性・整合性に欠ける記録内容があれば、その点について、記録を書いた介護者に訊ねてみましょう。

また、その介護者が施設・事業所を辞めてしまっている場合でも、記録を書いていれば、後々に事故が起きた場合でも、振り返りの材料になったり、裁判の証拠として提出することができる場合もあります。

もちろん、記録にウソを書くのはもってのほかです。**ウソをつくような仕事はやってはいけません**。これは、職業倫理と良心です。介護職としてのプライドを持って、よりよい介護が提供できるよう、また「報・連・相」のツールとして施設の連携を図っていくためにも、実地指導において良い評価をもらえるよう介護記録を書くことを伝えていきましょう。

🐾 ひとことメモ

1）指導とは
行政は各介護サービス事業所に対し、正しい運営をしているか（人員配置や運営、介護給付の算定など）を調査し、改善のための助言や指導を行っています。これを「指導」といい、その主なものが「実地指導」です。実地指導では、行政などの担当者が事業所に来て、帳票や記録などを確認の上、直接指導を行います。後日、指導結果が文書で送られてきて、改めて改善が必要な点が通知されます。

2）監査とは
実地指導の結果やその他の調査などから、不正または著しい不当が疑われる場合は、「監査」が行われます。手続きの流れは実地指導とほぼ同じですが、監査ではより厳しい検査と指導がされ、状況によっては行政処分（介護報酬の返還、指定の取り消しなど）となります。

Ⅱ 介護記録がスラスラ書けるようになるための、介護その

①介護の目的とは？

このことから始めると、介護記録がよりよくわかり、スラスラ書けることにつながります。

何をするにも「**目的**」がないと、その後の行動があやふやになりますね！　では、みなさんは何のために介護をしているでしょうか？
下のKさんの場合で考えてみてください。

「**介護記録の書き方**」を本当に身につけるためのおさらいをしていきましょう。
それには、**ケアプラン（第1表・第2表）**などから見ていかないとネ…！

必要情報は読み取れるように！

アキねこ先生

Kさんはどんな方？

まずは、その人の「人となり」を理解しよう

アセスメントなどより
（フェイスシート＝個人台帳…人となり・人生も含め）

- Kさん87歳・男性、○○市生まれ
- 5人兄弟の末っ子
- 高校時代、野球で甲子園に出場
- 社会人になっても、身体を鍛え続けた
- 24歳の時結婚
- 「強きを倒し弱気を助ける月光仮面のような人」と言われる熱心な仕事ぶり
- 58歳まで勤め早期退職
- 退職後は働かず、妻と世界30か国旅行したりしながら暮らしてきた
- 前立腺肥大症や心筋梗塞で生死の境をさまよったとき妻が献身的に介護してくれたことに今も感謝している
- これからの人生、妻に尽くして暮らしたい
- 心筋梗塞後ペースメーカー使用
- 不安定狭心症の為家庭内での日常生活動作が著しく制限される心機能障害を持つ
- 障害者手帳3級の1種
- 脊柱管狭窄症
- 起居動作に痛みがあり
- 高血圧症
- 前立腺肥大症
- 目の調節機能改善のため1日4回サンコバ点眼薬を使用

ご利用者・Kさん（87歳・男性）

●Kさんのケアプラン第1表

これが、私がたてたケアプランです！

やる気満々でマジメなケアマネジャー・サユリさん

もののの流れなどのおさらい

●Kさんのケアプラン第2表

第2表					居宅サービス計画書(2)					
							作成年月日　H○年○月○日			
利用者名　　K　　様										
生活全般の解決すべき課題（ニーズ）	目標				援助内容					
	長期目標	(期間)	短期目標	(期間)	サービス内容	※1	サービス種別	※2	頻度	期間
持病を持っているが、健康に注意して生活していきたい。	病気への不安なく過ごせます。	H○.10.16からH○.2.29	①健康管理に留意し、体調不良の早期発見に努めます。	H○.10.16からH○.2.29	①定期受診、医学的管理、療養上の指導、服薬管理		主治医	●●●●クリニック	月1回	H○.10.16からH○.2.29
					②バイタルチェック、一般状態の観察、体調管理	○	通所介護	●●●●●デイサービス	月1回	H○.10.16からH○.2.29
					③バイタルチェック、体調確認、異常時ケアマネへの連絡・報告	○	訪問介護	●●ヘルパーステーション	週2回	H○.10.16からH○.2.29
			②健康な生活習慣が身につきます。	H○.10.16からH○.2.29	①利用時水分 400cc 摂取、健脚メニューへの参加	○	通所介護	●●●●●サービス	週2回	H○.10.16からH○.2.29
					②栄養バランスの取れた食事の提供、お茶会・水分摂取への声かけ		ケアハウス職員	ケアハウス	毎日	H○.10.16からH○.2.29
					③口腔ケア・水分摂取への声かけ、排便確認	○	訪問介護	●●ヘルパーステーション	週2回	H○.10.16からH○.2.29
腰が痛いので、手の届かないところの掃除を手伝って欲しい。	お手伝いすることによって、整理整頓ができます。	H○.10.16からH○.2.29	掃除等ができるようアドバイスしながらお手伝いします。	H○.10.16からH○.2.29	トイレ掃除、居室の片付け・掃除、洗濯、洗濯干しへの声かけ	○	訪問介護	●●ヘルパーステーション	週2回	H○.10.16からH○.2.29
足腰を鍛えて、杖を使いたくない。	下肢筋肉を鍛えることができます。	H○.10.16からH○.2.29	健脚メニューへの声かけにて歩行の安定を図ります。	H○.10.16からH○.2.29	健脚 1000m 歩行、パワーリハビリ参加、ほぐし・あんまへの参加	○	通所介護	●●●●●デイサービス	週2回	H○.10.16からH○.2.29
ゆっくり風呂に入りたい。	身体の清潔を保つことができます。	H○.10.16からH○.2.29	不安なく入浴できます。	H○.10.16からH○.2.29	洗身・洗髪の見守り、浴槽またぎの見守り、入浴後の水分補給、爪切り	○	通所介護	●●●●●デイサービス	週2回	H○.10.16からH○.2.29
困ったときは相談に乗って欲しい。	生活の不安や困りごとの相談に応じます。	H○.10.16からH○.2.29	ケアハウスでの生活に慣れるよう支援します。	H○.10.16からH○.2.29	訪問にて相談に応じる、必要時家族への連絡		介護支援専門員	●●居宅支援事務所	随時	H○.10.16からH○.2.29

※1「保険給付対象かどうかの区分」について、保険給付対象内サービスについては○印を付す。
※2「当該サービス提供を行う事業者」について記入する。

 さて、ここまでで具体的なKさんの介護の目的がわかりますね……。
読者のみなさんもいっしょに考えて答えてくださいネ！　次のページへ

②生活全般の解決すべき課題（ニーズ）

右に示したように、ケアプラン第2表のこの欄に書かれていることが、ご利用者が「こうありたい」と願うところであり、その方の自立支援のもとです。この方にかかわる人がすべて共有していけば、視点もブレません。

ケアプランを読み解くと、実にたくさん、さまざまな人たちがKさんにかかわっていることがわかります。支える人たちは「ご利用者を元気にするサポーター」です！

いつも元気な介護職・ミサコ

この人の記録は→24ページへ

いつもおとなしいケアハウス職員・マキ

連絡・報告・相談

答えは…

15ページ下の第2表の左側「生活全般の解決すべき課題（ニーズ）」でした！

この欄に書かれてあることが、Kさんを介護する「目的」なのです！

…きちんとたてられたケアプランならね。

利用者Kさんと、ケアマネ・介護職ほか、Kさんにかかわるみんなでこれを共有し、目ざしていくのです!! まさに、**Kさんの自立支援**のために！
……では、自立支援とは？

アキねこ先生

介護記録の説明のために必要なのです！続けて読んでネ！

●ケアプラン第2表

第2表
利用者名　K
生活全般の解決すべき課題（ニーズ）
持病を持っているが、健康に注意して生活していきたい。
腰が痛いので、手の届かないところの掃除を手伝って欲しい。
足腰を鍛えて、杖を使いたくない。
ゆっくり風呂に入りたい。
困ったときは相談に乗って欲しい。

※1「保険給付対象かどう
※2「当該サービス提供を

16

II 介護記録がスラスラ書けるようになるための、介護そのものの流れなどのおさらい

統合して支援経過（第6表）

……P.15で紹介したものです。あらためて見てみましょう！

 P.34～のリョウくんの記録にこれらが反映されているでしょうか？

居宅サービス計画書（2）

様　　　　　　　　　作成年月日　H○年　○月　○日

目標				援助内容					
長期目標	(期間)	短期目標	(期間)	サービス内容	※1	サービス種別	※2	頻度	期間
病気への不安なく過ごせます。	H○.10.16から H○.2.29	①健康管理に留意し、体調不良の早期発見に努めます。	H○.10.16から H○.2.29	①定期受診、医学的管理、療養上の指導、服薬管理		主治医	●●●● クリニック	月1回	H○.10.16から H○.2.29
				②バイタルチェック、一般状態の観察、体調管理	○	通所介護	●●●● デイサービス	月1回	
		②健康な生活習慣が身につきます。	H○.10.16から H○.2.29	③バイタルチェック、体調確認、異常時ケアマネへの連絡・報告	○	訪問介護	●●ヘルパーステーション	週2回	
				④利用時水分 400cc 摂取、健脚メニューへの参加	○	通所介護	●●●●● サービス	週2回	
				②栄養バランスの取れた食事の提供、お茶会・水分摂取への声かけ		ケアハウス職員	ケアハウス	毎日	
				③口腔ケア・水分摂取への声かけ、排便確認	○	訪問介護	●●ヘルパーステーション	週2回	
お手伝いすることによって、整理整頓ができます。	H○.10.16から H○.2.29	掃除等ができるようアドバイスしながらお手伝いします。	H○.10.16から H○.2.29	トイレ掃除、居室の片付け・掃除、洗濯、洗濯干しへの声かけ	○	訪問介護	●●ヘルパーステーション	週2回	
下肢筋肉を鍛えることができます。	H○.10.16から H○.2.29	健脚メニューへの声かけにて歩行の安定を図ります。	H○.10.16から H○.2.29	健脚 1000m 歩行、パワリハビリ参加、ほぐし・あんまへの参加	○	通所介護	●●●●● デイサービス	週2回	
身体の清潔を保つことができます。	H○.10.16から H○.2.29	不安なく入浴できます。	H○.10.16から H○.2.29	洗身・洗髪の際に転倒しないよう、自立支援への見守り、浴槽またぎ自立支援への見守り、入浴後の水分補給の声かけと確認、爪切り	○	通所介護	●●●●● デイサービス	週2回	
生活の不安や困りごとの相談に応じます。	H○.10.16から H○.2.29	ケアハウスでの生活に慣れるよう支援します。	H○.10.16から H○.2.29	訪問にて相談に応じる、必要時家族への連絡		介護支援専門員	●●居宅支援事務所	随時	

うかの区分」について、保険給付対象内サービスについては○印を付す。
を行う事業者」について記入する。

 Kさんの場合、声かけや手伝いが中心！

Kさんはどれだけ飲むとされているか、排便回数はどのくらいが正常なのか、把握してケアに当たれるようにしましょう。

5つの基本的なケア
1 起きる
2 食べる・水分摂取
3 排泄する
4 清潔にする
5 活動する

☆5つの基本的なケアについてのご利用者の情報をスタッフ同士が共有
・厚生労働省「介護保険施設等実地指導マニュアル」サービス担当者会議より抜粋

 P.24～のミサコさんの記録にこれらが反映されているでしょうか？

 では、介護そのものの目的・自立支援とは……？　次のページへ

③介護保険法に原点回帰！…制度見直しについても

介護の目的……自立支援について、おさらいしておくことで、自分が持っているイメージも変わります。

答えは…介護保険法をおさらいしてみると…下のアミカケの部分です！

そうそう！そのことを言いたかったのよ！

ぼくもそれ！自立支援でしょ！ハイ！読みます！

つまり、要介護状態になっても、その人らしく、自立した日常生活ができるようにするため！ですね！

アキねこ先生　コレコレ

アカネちゃん　ダイスケくん

第二条も何度も何度も読んで常に心がけてください！「読書百遍意自ずから通ず！」

介護保険法　第一章　総則

第一条（目的）

　この法律は、加齢に伴って生ずる心身の変化に起因する疾病等により要介護状態となり、入浴、排せつ、食事等の介護、機能訓練並びに看護及び療養上の管理その他の医療を要する者等について、これらの者が尊厳を保持し、その有する能力に応じ自立した日常生活を営むことができるよう、必要な保健医療サービス及び福祉サービスに係る給付を行うため、国民の共同連帯の理念に基づき介護保険制度を設け、その行う保険給付等に関して必要な事項を定め、もって国民の保健医療の向上及び福祉の増進を図ることを目的とする。

第二条（理念※）

1　介護保険は、被保険者の要介護状態又は要支援状態に関し、必要な保険給付を行うものとする。

2　前項の保険給付は、要介護状態又は要支援状態の軽減又は悪化の防止の資するよう行われるとともに、医療との連携に十分配慮して行わなければならない。

3　第一項の保険給付は、被保険者の心身の状況、その置かれている環境等に応じて、被保険者の選択に基づき、適切な保健医療サービス及び福祉サービスが、多様な事業者又は施設から、総合的かつ効率的に提供されるよう配慮して行わなければならない。

4　第一項の保険給付の内容及び水準は、被保険者が要介護状態になった場合においても、可能な限り、その居宅において、その有する能力に応じ自立した日常生活を営むことができるよう配慮されなければならない。

※第二条は（介護保険）と示されていますが、平成9年12月の事務次官通知により、二条の各規定を理念として位置付けています。

II 介護記録がスラスラ書けるようになるための、介護そのものの流れなどのおさらい

アキねこ先生

「H.24年度からの介護保険制度改正の背景とポイントもおさらいしておきましょう!」

平成24年度（2012年4月から）の介護保険制度の改正によって、介護保険制度創設時の原点に戻り、「要介護状態の軽減・悪化の防止・維持」等を図り、「在宅での生活継続の限界点を高める」ことが求められるようになりました。
そこで求められるのが、自宅支援型ケアマネジメントと地域包括ケアシステムです。
今回の報酬（加算減算）体系の変更は、そこに誘導するためのものなのです!

介護保険制度見直しの背景

社会保障制度の見直しが図られている
【理由】
- 少子高齢社会の進展→要介護高齢者や一人暮らしの高齢者、後期高齢者の増加
- 財政の悪化

→

介護保険制度も見直しへ
「要介護状態の軽減・悪化の防止・維持」等を図り、「在宅での生活継続の限界点を高める」ために、サービス内容を見直して効率化・重点化する必要がある

↓ そのためには…

在宅で自立して生活できる高齢者を増やし、その人たちの「こうありたい」を尊重しつつ、医療との適切な連携を図りつつ、社会保障制度全体がうまく機能するようにしたい!

← ことが必要

① 高齢者の持っている**潜在能力**を引き出す
② 高齢者の**生活意欲**を引き出す

すなわちそれを引き出す

自立支援型ケアマネジメント

そのために

家族・近隣・社会資源・医療等との密接な連携
- 地域包括ケアシステムの構築
- 地域包括支援センターの機能強化
- ※など、保険外のことも組み合わせて何とかしようということ!

「自立支援」推進のためのサービス見直し
- 訪問リハビリテーションと連携した自立支援型の訪問介護や、通所介護の個別機能訓練加算の見直し、在宅での看取りの強化　など

保健医療・介護の連携
- 在宅での看取りも含めた、医療と介護の連携の強化　など

在宅生活の限界を高める新サービス
- 24時間の定期巡回・随時対応型訪問介護看護
- 小規模居宅介護に看護機能を組み合わせた「複合総合型サービス」
- サービス付き高齢者向け住宅（介護保険外）の整備促進　など

「これらをうまくコーディネートし、マネジメントすることが、私、ケアマネジャー（介護支援専門員）に求められているのです。」

「もちろん、ケアマネジャーだけでなく、そこに関係するみんなが、15ページの「解決すべきニーズ」に向かって一致団結していかないと、できません!
→ "利用者の幸せのため" が "自分の幸せ"（達成感・加算報酬）につながります。
→ "世の中のためにも!"（介護保険制度の継続）につながります。」

「これからは介護の成果が問われます!
生活援助中心、介護だけをしているだけでは評価されず、それだけに終わっている事業所は続けていけなくなります!

介護保険制度の目的は常に同じです! すばらしい夢のある仕事なので、がんばっていきましょう!」

「では、次のページから、先ほど（14～15ページ）の利用者Kさんの話に戻して考えてみましょう!
次のページへ」

「そろそろ記録につながるのかな?」

19

④介護記録の目ざすところ、つながり

介護記録が何のためのもので何を書くのかを、ケアプランからの流れも含めて、読み取りましょう。

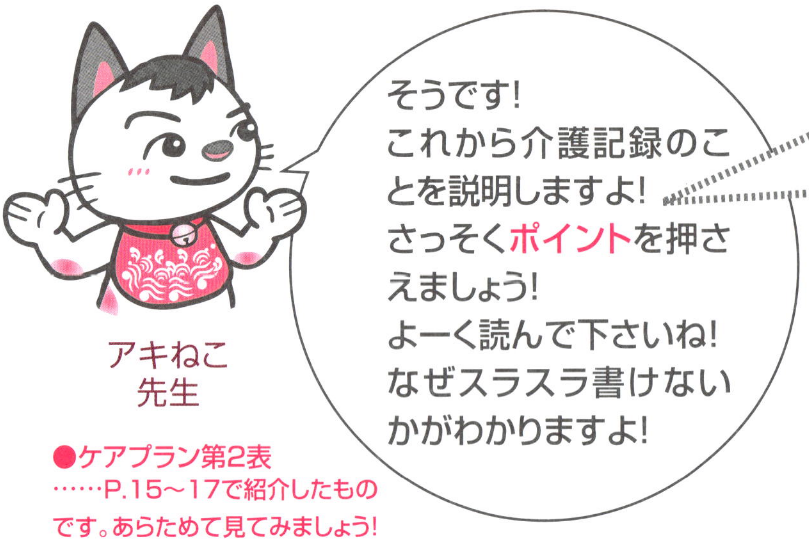

そうです！
これから介護記録のことを説明しますよ！
さっそく**ポイント**を押さえましょう！
よーく読んで下さいね！
なぜスラスラ書けないかがわかりますよ！

アキねこ先生

●ケアプラン第2表
……P.15〜17で紹介したものです。あらためて見てみましょう！

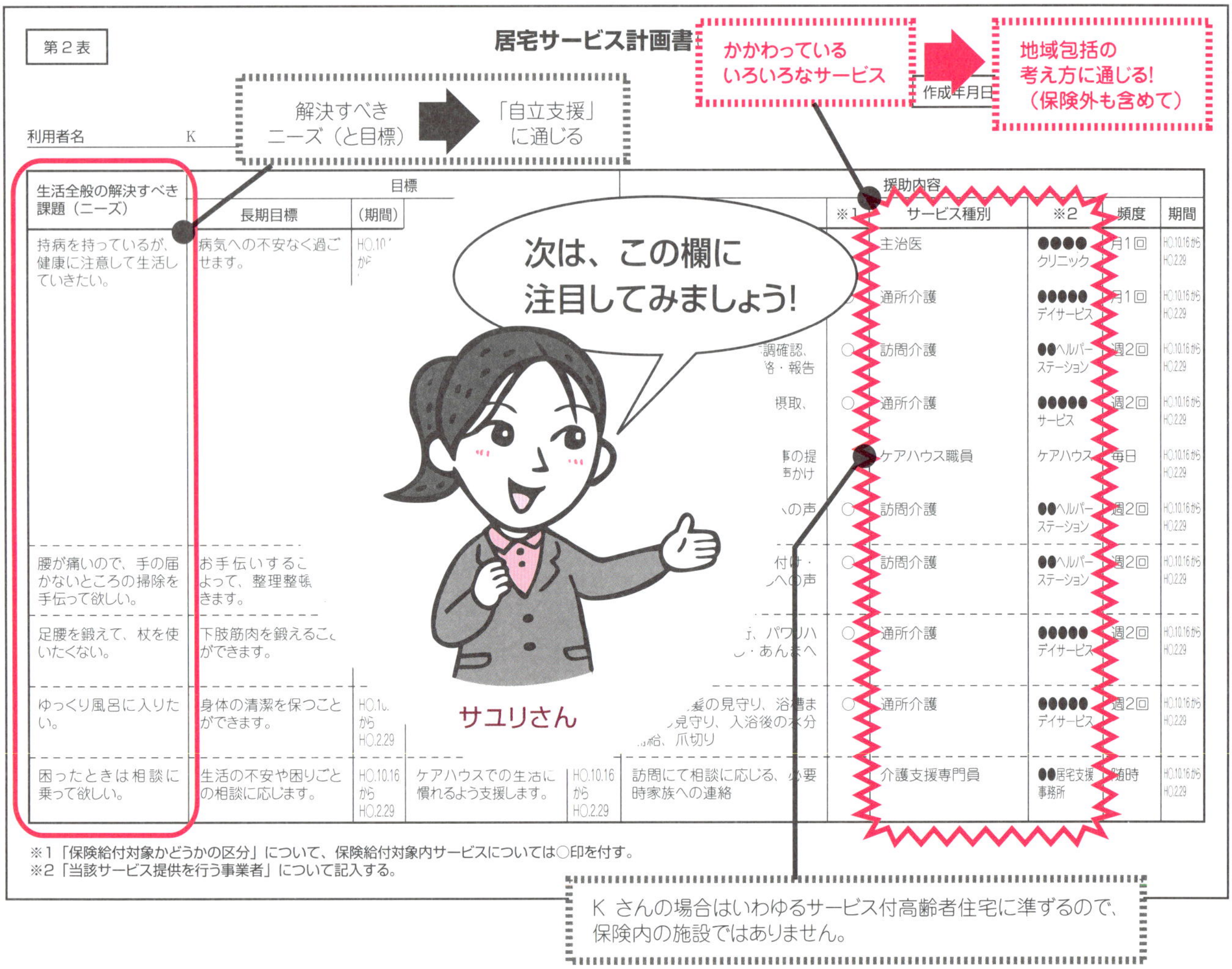

その利用者への介護そのものが「解決すべきニーズ」に向けてどう行なわれ、どうだったか

介護記録とは、この見開きの★マークの付いている3つのことです。事業所や施設によっては、ケース記録や経過記録などと呼び方は違いますが、要は、その利用者への介護そのもの、どんな介護をしたか、どんなようすでどんなことを言っておられたかなどを記すものです。

つまり、ケアプラン第2表の「解決すべきニーズ」に向かって、ここではKさんがどうだったか、その視点を持って書かれるはずのものです。
そこが介護記録のいちばん大切なところです！

【第2表 居宅サービス計画書】

- 解決すべきニーズ（と目標）→「自立支援」に通じる
- かかわっているいろいろなサービス
- 地域包括の考え方に通じる！（保険外も含めて）

利用者名　K

生活全般の解決すべき課題（ニーズ）	長期目標	（期間）	…	※1	サービス種別	※2	頻度	期間
持病を持っているが、健康に注意して生活していきたい。	病気への不安なく過ごせます。	H0.10… が			主治医	●●●●クリニック	月1回	H0.10.16 H0.2.29
					通所介護	●●●●●デイサービス	月1回	H0.10.16 H0.2.29
			調確認、絡・報告	○	訪問介護	●●ヘルパーステーション	週2回	H0.10.16 H0.2.29
			摂取、		通所介護	●●●●●サービス	週2回	H0.10.16 H0.2.29
			事の提きかけ		ケアハウス職員	ケアハウス	毎日	H0.10.16 H0.2.29
			への声	○	訪問介護	●●ヘルパーステーション	週2回	H0.10.16 H0.2.29
腰が痛いので、手の届かないところの掃除を手伝って欲しい。	お手伝いすることによって、整理整頓、きます。		付け・への声	○	訪問介護	●●ヘルパーステーション	週2回	H0.10.16 H0.2.29
足腰を鍛えて、杖を使いたくない。	下肢筋肉を鍛えることができます。		り、パワハ・あんまへ	○	通所介護	●●●●●デイサービス	週2回	H0.10.16 H0.2.29
ゆっくり風呂に入りたい。	身体の清潔を保つことができます。	H0.1u. から H0.2.29	護の見守り、浴槽ま見守り、入浴後の水分…略、爪切り		通所介護	●●●●●デイサービス	週2回	H0.10.16 H0.2.29
困ったときは相談に乗って欲しい。	生活の不安や困りごとの相談に応じます。	H0.10.16 から H0.2.29	ケアハウスでの生活に慣れるよう支援します。	H0.10.16 から H0.2.29	訪問にて相談に応じる、必要時家族への連絡	介護支援専門員	●●居宅支援事務所	随時	H0.10.16 H0.2.29

次は、この欄に注目してみましょう！

サユリさん

※1「保険給付対象かどうかの区分」について、保険給付対象内サービスについては○印を付す。
※2「当該サービス提供を行う事業者」について記入する。

Kさんの場合はいわゆるサービス付高齢者住宅に準ずるので、保険内の施設ではありません。

Ⅱ 介護記録がスラスラ書けるようになるための、介護そのものの流れなどのおさらい

「解」決すべきニーズ」に向いているかがいちばん大切。ブツ切りはダメ！

これを忘れていませんか？ これを忘れていると視点がぼやけて何を書いたらよいかがわからなくなるので、「書けない！」「まとまらない！」となります。

よくある介護記録の本で「入浴時の記録」などと書かれていますが、利用者ひとりひとりの状況が違うのだから、その人によって入浴時の注意する点は違うはずなのです。

このようなブツ切りの考え方ではダメです！ 多少文章が下手でも、医療知識が乏しくても、真にその利用者の「解決すべきニーズ」に向かってはどうなのかが書かれていれば、それがいちばん大切なことなのです。

「何」を詳しく書いて何が簡略でよいかがわかる！

その利用者は「どんな方で何をどう自立したい人なのか」、そのことを頭に入れておけば、要点を書くようにと言われたとき、そのニーズに関するところを重点的に書けばよいのです！

これが早く・簡潔に書けるポイントです！

これらを総合的にしたのが、ケアマネのケアプラン第5表「支援経過」です（Kさんの例…42～43ページ）

 訪問介護ミサコさんの記録

この人の記録は →24～31ページへ

「サービス担当者会議の要点」はケアプラン第4表（22ページ参照）
第2表など「ケアプラン」とサービス担当者会議を経て作成する「訪問介護計画書（23ページ参照）」を元に、訪問介護が行なわれる！

 通所介護＝リョウ君の記録

この人の記録は →34～39ページへ

同様に「通所介護計画書」（23ページ参照）を元に行なう

特養などの入所施設の記録（Jさんの場合）

この人の記録は →44～45ページへ

Jさんの例として
施設介護計画書の例
（44～45ページ参照）が元になる
（作成の経緯は同上）

 **次も、Kさんのことを追って見ていきますよ！** 次のページへ

⑤ケアプラン第2表から介護計画へ

いろいろな人がKさんにかかわることのおさらいです。入所の方の場合も、その施設内でさまざまな方がかかわりますね。

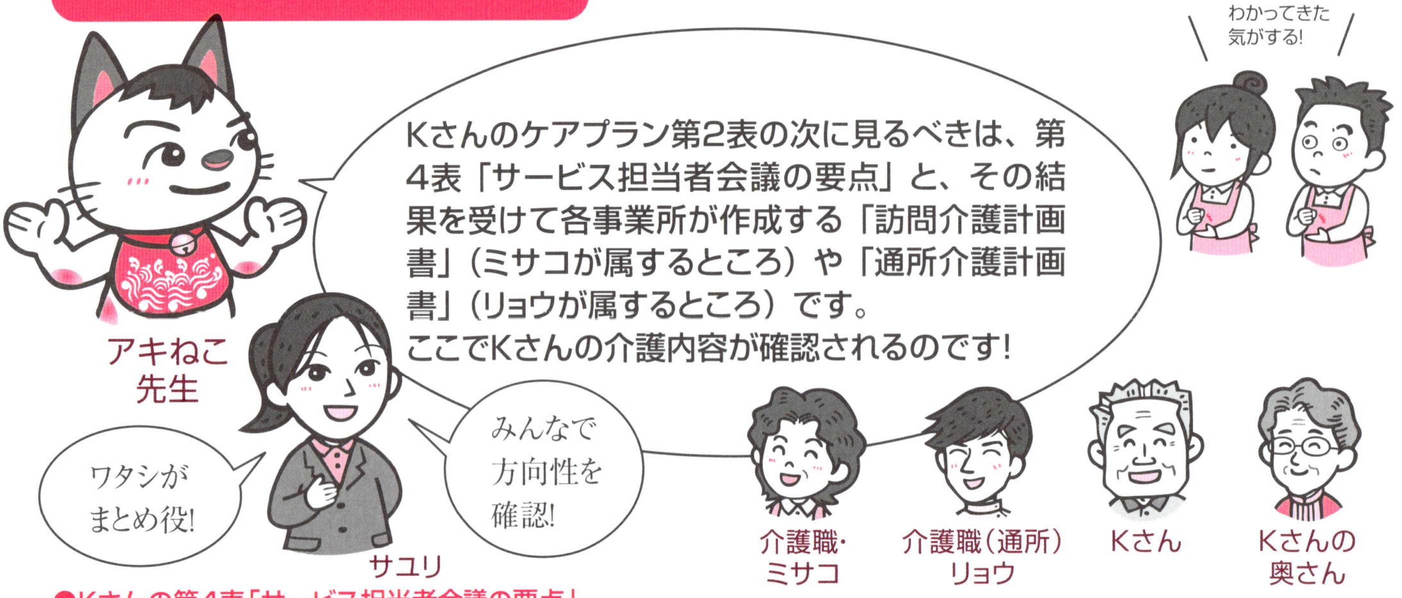

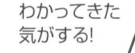
わかってきた気がする!

Kさんのケアプラン第2表の次に見るべきは、第4表「サービス担当者会議の要点」と、その結果を受けて各事業所が作成する「訪問介護計画書」(ミサコが属するところ)や「通所介護計画書」(リョウが属するところ)です。ここでKさんの介護内容が確認されるのです!

アキねこ先生 / ワタシがまとめ役!

サユリ / みんなで方向性を確認!

 介護職・ミサコ
 介護職(通所)リョウ
 Kさん / Kさんの奥さん

● Kさんの第4表「サービス担当者会議の要点」

サービス担当者会議の要点

第4表				作成年月日 ●●年 ●月 ●日
利用者名	K(本人) 様		居宅サービス作成者(担当者)氏名 ●●●● サユリ	
開催日:平成○年10月28日	開催場所:ケアハウス相談室		開催時間:11:00～12:30	開催回数 ○回

会議出席者	所属(職種)	氏名	所属(職種)	氏名	所属(職種)	氏名
	Kさんの奥さん	○○○○	デイサービス職員	リョウ		
	○○ステーション	ミサコ				
	ケアハウス職員	マキ				

検討した項目	今後のケアハウスでの生活を円滑に過ごしていただくために、現状を把握し、今後のサービス計画・支援について検討させていただくために開催。 ①ヘルパーステーション利用について ②デイサービス利用について ③ケアハウスでのようすについて
検討内容	①週2回火・木曜日にヘルパー利用にて洗濯・掃除に入ってもらっている。腰痛があるため無理はできないが少しでもできることはしようとされている。妻の世話は自分の仕事のように思って介護されているが、手を出しすぎる傾向があり妻のできることを奪っている感じがする。排泄に関しても失禁がたまにあるように見受ける。パットの使用やラバーシーツを検討されてはどうか。 ②がやがやした所は嫌いと言われる。寂しいのか妻のそばによく来る。マンツーで付いて散歩や運動を促したい。夫が妻を束縛する関係が見受けるので注意したい。疲れるのか半日で帰りたいとの声が聞こえるため、しばらくは半日利用(水・土曜日)でようすを見たい。 ③食事時間の事や頑固なことでトラブルがあったが、少しずつ慣れていただきたい。受診の同行は今夜もヘルパーといっしょと思って良いのか。ご本人様がかってに行かれても心配な点が見受ける。
結論	①ヘルパー導入はとても喜んでおられる。刺激を受け少しでも自分たちのできることをされようとしている。困りごとがあるとヘルパーステーションをのぞかれ、相談されている。 ②デイサービスは前の所でも嫌だと言って中止されていると家族からも聞き、半日利用でようすを見ることとする。昼食はデイサービスで食べていただいてから帰ることにして、今後1日利用に向けやすいようにしていく。 ③ケアハウスフロアーの散歩をされているが少しずつなじみの関係ができるよう温かく見守りたい。 ※ご本人様のやる気をかき立て、洗濯干し等ができるようになっていただきたい。妻の介護が過介護にならないよう注意しながら支援していきたいと思う。排泄の失敗や聞こえにくいことが本人様の自信損失になっていないか今度注意していきたい。 本人の目標は「ケアハウスの水戸黄門、誠心誠意を尽くして生活すること」とお聞きしている。実直な面、頑固さが目だちますが円満に過ごしていただけるよう支援していく。
残された課題 (次回の開催時期)	・生活パターンの確立 　円満に生活できるように支援できたか検討する。

※サービス担当者会議に関する実地指導のポイントについては、P.43の中ほど参照。

II 介護記録がスラスラ書けるようになるための、介護そのものの流れなどのおさらい

●Kさんの訪問介護計画書（ミサコのすること）

訪問介護計画書

□訪問介護
□夜間型訪問介護

ご利用者名：K様	男・⊛	生年月日：（M・Ⓣ・S）●年●月●日		サービス実施日：月・⊛・水・⊛・金・土・日
認定期間：平成24年3月1日～平成25年2月28日		介護度：●●		サービス実施時間：火10時00分～11時00分／木9時00分～10時00分
担当ヘルパー名：○○ ミサコ		居宅サービス計画書作成日：平成24年3月10日		サービスの種類：身体（ ）分未満／生活（60）分未満／乗降介助1回／（ ）名体制
居宅介護支援事業所名：○○宅介護支援事業所		ご担当者：○○ ○○様		
請求日：○月○日	受理日：○月○日			

ご利用者及びご家族の介護に対する意向
【ご本人】ケアハウスでの生活にも慣れてきて、顔見知りの知人が増えそれなりに生活している。体力が落ちないよう気をつけ、これからもケアハウスで生活していきたい。
【ご家族】自分達の事を手伝っていただきながらやっているので、このまま仲よくやっていければよいと思っています。

総合的な援助方針：ヘルパーを利用することで、できないことをいっしょに行ない、自立に向けた支援を行ないます。

介護目標

		期間	評価
長期①	お手伝いすることで自室を清潔に保つことができる。	平成24年3月1日～8月31日	達成・継続・後退
短期	掃除ができるようにアドバイスを行ないながらお手伝いする。	平成24年3月1日～5月31日	達成・継続・後退
長期②	定期受診を受け病気の不安なく過ごせる。	平成24年3月1日～8月31日	達成・継続・後退
短期	体調管理に留意し病気の早期発見、対応に努める。	平成24年3月1日～5月31日	達成・継続・後退
長期③	定期受診を受け、病気の不安なく過ごせる。	平成24年3月1日～8月31日	達成・継続・後退
短期	健康な生活習慣が身に付け、健康が維持できる。	平成24年3月1日～5月31日	達成・継続・後退

サービス内容
※該当するものに☑チェック及び○を記入する。
【サービス準備等】
☑健康チェック
☑環境整備
☑相談援助、情報収集
【自立介護】
☑意欲・関心の引き出し 5分
☑共に行う（掃除・調理・洗濯）5分
【身体支援】
□排泄介助（トイレ・Pトイレ・おむつ）分
☑食事介助（水分補給）1分
□専門的調理（きざみ・ミキサー・特別食）
□清拭（全身・部分・陰部清拭）分
□部分浴（手・足・陰部洗浄・洗髪）分
□全身浴（入浴・シャワー浴）分
□整容介助（手洗・口腔ケア・身体的整容）分
□更衣介助 分
□体位変換 分
□移乗・移動介助 分
□通院・外出介助 分
□起床及び就寝介助（起床・就寝）分
□服薬確認 分
☑自立支援のための見守り的援助 分

【生活援助】
☑掃除・ゴミ出し 40分
（居室・寝室・台所・浴室・トイレ）Pトイレ
☑洗濯（洗濯・乾燥・収納・アイロン）10分
☑ベッドメイク・布団干し 5分
□衣類の整理・被服の補修 分
□一般的な調理・配下膳 分
□買い物 分
□薬の受け取り 分
☑その他 5分
□デイサービス荷物準備

【2名体制の理由】

【ケア内容留意事項】
水分摂取の意味を説明するが、本人便秘症状もなく「今まで飲みたいときに飲んできて体はだいじょうぶだから自分の飲みたいときに飲む」と言われ、拒否されることが多い。

ご家族による支援時も留意していただくよう、ご説明致しました。
☑はい □いいえ

事業所名：○○○○ステーション（電話番号：○○－○○○○－○○○○）
作成日：24年4月2日　作成責任者：○○○○
説明日：24年4月4日　説明者：○○○○
署名欄：　　　代理署名欄：

→ これを元にした介護記録が24～31ページのミサコの記録

●Kさんの通所介護計画（リョウのすること）

自立支援！ご本人のこととして、介護者目線で目標を立てないようにしましょう。

通所介護計画書

利用者名：K様
所属事業所：○○○○デイサービス
計画作成日：平成24年3月30日
計画実施期間：平成24年3月1日～平成24年5月31日
区分：□申請中　□要支援1　□要支援2　■要介護1　□要介護2
　　　□要介護3　□要介護4　□要介護5
担当在宅支援センター：○○○○居宅介護支援事業所　○○○○
利用の曜日・時間帯（該当する曜日＝■）：水曜日、土曜日（9：00～12：00）
加算サービス等（該当するサービス＝■）：■個別機能訓練　□栄養改善　□口腔機能向上

家族主治医・ケアマネジャー・事業所からの連絡事項
本人：ケアハウスの生活にも慣れてきて、顔見知りの知人が増え、それなりに生活しています。体力が落ちないように気をつけ、これからもケアハウスで生活していきたい。
家族：自分たちの事を手伝っていただきながらやっているので、このまま仲よくやっていければよいと思っています。

主目標【これからの人生目標】
人ができないこと助けたり、生涯目標としたりして参りました。今後も貫き通す覚悟でいます。

目標（介護サービス支援計画書より）
①長期目標：定期受診を受け、病気の不安なく過ごせます。
①短期目標：健康な生活習慣を身につけ、健康が維持できます。
②長期目標：毎日の散歩を続けることで、下肢筋力の強化ができます。
②短期目標：健脚メニューの声かけ・実施にて歩行の安定を図ります。
③長期目標：身体の清潔が保持できます。
③短期目標：できることを見守りながら安心して入浴ができます。

短期目標（サービス事業所としての具体的な生活目標）
平成24年3月1日～平成24年5月31日
①デイ通所時水分 500ml 摂取。
①②健脚教室参加。
①②パワーリハビリ4種類以上。
③入浴動作の自立。

長期目標（サービス事業所としての具体的な生活目標）
平成24年3月1日～平成24年5月31日
①一日1500ml以上の水分摂取、常食完食で体調を整える。
①②屋外歩行（1日トータル2km以上）。
①②パワーリハビリ6種類。 P.41参照
③入浴の自立（ケアハウスで入浴）

特記事項
充分な水分摂取と食事摂取により体調を整え、健脚等の活動量を増やす。
体力維持と転落防止のため、健脚教室、剣の道、また、身体の柔軟性を維持するため、ほぐしのメニューを行なう。パワーリハビリ：ヒップアブダクション5kg×30回、ヒップアダクション5kg×30回、トーソエクステンション5kg×30回、トーソリフレクション5kg×30回、ホリゾンタルレッグプレス5kg×30回、ローイングMF5kg×30回、レッグエクステンション5kg×30回、レッグフレクション5kg×30回、チェストプレス5kg×30回。脊柱管狭窄症の既往に留意し、歩行状態、腰痛状態を注視していく。同年代の高齢者よりも、常に体力、知力の向上を目指されていることを尊重し応援していく。

○○○○デイサービスでのメニュー	○○○○デイサービス	本計画について同意します
パワーリハビリ6種類・健脚（屋外歩行）・剣の道・健康トリム・入浴・ほぐし・水分摂取	計画作成者：○○ ○○　管理者：○○ ○○	平成24年3月31日　氏名　Kさま

→ これを元にした介護記録が34～39ページのリョウの記録

さて、ではKさんの記録は…… 次ページからミサコさんの記録をチェック！

III 介護記録を見直そう！

III-① 訪問介護の記録

本当にご利用者のことを知り、考えて、その人の「生活全般の解決すべき課題（ニーズ）」に向かっているかどうかに立ち返ってみるだけで、よい記録が書けます。ここでは、P.14〜17のKさんの訪問介護を担当したミサコさんの記録の例を見直していきます。

訪問介護では、「実施記録」（作業伝票）と「経過記録」（ケース記録）の両方を示しました。実施記録のレ点チェックと、経過記録につながる備忘メモで、したことをまとめ、上記ニーズに向けてどうだったか、自立支援に向けてどうだったかを、経過記録にしましょう。

アキねこ先生

アキねこ先生： がんばっていますね！
Kさんのニーズをもっと把握して書こうネ！
そして、Kさんのことをもっとよく知りましょう！
そうすれば、Kさんが聞いてくれそうな声かけの仕方もわかってきますよね。それから、報・連・相のことが書かれていないのは問題ですよ。

ミサコ： ハイ！がんばります！

介護職・ミサコ

実施記録（作業伝票）

ケアしたことはここに落とし込むのですが、内容はご利用者のケアプラン・介護計画に沿ったものにしましょう。Kさんの場合は、水分補給そのものだけではなく、声かけ（P.14〜17）も重要ですね。

訪問介護記録	ご利用者名：K様 （男）・女	担当介護職：○○ ミサコ	日時：平成○年 1月31日（○曜日） 10:00〜11:00
バイタル	呼吸数 14回／分	脈拍数 70回／分	体温 36.7度 血圧 148／90

1/31のものです

※該当するものに☑チェック及び○を記入する。

【サービス準備等】
- ☑健康チェック（特に排便…ある・ない・(1日おき)）
- ☑環境整備
- ☑相談援助、情報収集

【自立介護】
- ☑意欲・関心の引き出し 5分
- ☑共に行う（掃除）・調理・（洗濯） 5分

【身体支援】
- ☑排泄介助（トイレ・Pトイレ・おむつ） 分
- ☑水分摂取（介助・(声かけ)） 1分
- □食事介助　分
- □専門的調理（きざみ・ミキサー・特別食）
- □清拭（全身・部分・陰部清拭）　分
- □部分浴（手・足・陰部洗浄・洗髪）　分
- □全身浴（入浴・シャワー浴）　分
- □整容介助（洗面・口腔ケア・身体的整容）　分
- □更衣介助　分
- □体位変換　分
- □移乗・移動介助　分
- □通院・外出介助　分
- □起床及び就寝介助（起床・就寝）　分
- □服薬確認　分
- □自立支援のための見守り的援助　分

【生活援助】
- ☑掃除・ゴミ出しの手伝い 15分
  （居室・寝室・台所・浴室・トイレ・Pトイレ）
- ☑洗濯（洗濯・乾燥・収納・アイロン） 10分
- ☑ベッドメイク・布団干し 5分
- □衣類の整理・被服の補修　分
- □一般的な調理・配下膳　分
- □買い物　分
- □薬の受け取り　分
- ☑その他 5分
- □〔デイサービス荷物準備〕

【ケア内容留意事項】

金銭の取扱	預り￥　支払い￥　お釣￥	責任者	ご利用者様

バイタルとは

バイタルサイン（Vital signs）のことで、医学用語では「生きている証」を示します。生命にかかわる重要な情報で、「呼吸（respiration）数」「脈拍（pulsation）数」「体温（body temperature＝BT…英語／körpertemperatur＝KT…独語）」「血圧（blood pressure）」の4つを主に指します。これに「意識レベル（consciousness）」を加えることもあります。必ず記録するようにしましょう。
高齢者における一般的な正常値は、おおよそ

呼吸：1分間に12〜15回
脈拍：1分間50〜70回
体温：36.0〜37.0度
血圧：収縮期 110〜130mmHg
　　　／拡張期 60〜90mmHg

となっています。覚えておきましょう。

「**拒否**」を使わないようにしましょう。どのような状況でこうなっているのか、わかるように書きましょう。声かけの工夫のことなども見えません。アセスメントなどから、Kさんはプライドが高い方のように思われます。ご利用者の性格も踏まえ、声かけを意識しましょう。
※暴行、暴力、徘徊、拒否、失禁などについても、同様の配慮が必要です。P.28も参照してください。

24　参考：「バイタルチェック・呼吸・脈・体温・血圧肥満…」
http://www17.ocn.ne.jp/~qoosam/l_top.html

訪問サービス記録

ご利用者名　Kさん

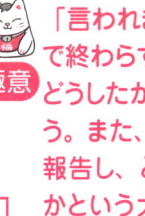

月/日		経過（介護記録）	記入者名
1/12	訪問 10:00〜 11:00	排便は順調よくあるそうです。毎晩20時ごろにはベッドへ入り、朝5時ごろ起床し、1時間半体操されるそうです。夜中3回程トイレへ行くのでぐっすり眠れないと言っておられました。	ミサコ
1/17	訪問 10:00〜11:00	明日、○○病院泌尿器科受診予定、御自身でタクシー予約入れてありました。ケアマネとの連携があれば、12日に聞いたことが医師と相談してもらえたはずです。そこが書かれていないのは残念です。	ミサコ
1/19	訪問 9:00〜10:00	排便は順調にあるとのことでした。シーツ交換洗濯しました。 Kさんの場合、手伝っていただくようにしましょう。この内容自体は、左ページの「訪問介護記録」で済ませてOKです。二重記録をする必要はありません。	ミサコ
1/24	訪問 10:00〜11:00	奥様の清浄綿の使い方を○○薬局へ電話され、確認されたそうです。奥様の支援経過に書くべき内容です。	ミサコ
1/26	訪問 9:00〜 10:00	食事は毎食、ご飯は大盛り1膳食べておられるそうです。ケアハウスでの習字教室に一度行かれたそうで書いたものを見せていただきました。（レストラン入り口にはってあります）	ミサコ
1/31	訪問 10:00〜 11:00	排便はほぼ毎日あるそうです。明日●●内科定期受診とのことです。水分摂取すすめるが拒否されました。 水分摂取は本人、便秘症状もなく、いたって健康とのことで自分が飲みたい時に飲んでいます。ただし、水分確認が取りにくく、プラン変更の必要性あり。 食事はケアハウス食堂にて1日3食（主食は大盛り）。 毎朝、起床時、体操（20分程）し身体筋力維持に努めています。 毎朝・夕食後に歯磨き維持。通所との連携として、P.34のリョウくんのデイへの話を入れると、意欲向上につながりますね。 居室の掃除等の援助を行ない少しずつ整理整頓ができるようになっています。 居室の掃除等の援助を行ない洗濯機等の使い方等のアドバイスをしながらできるところをしています。	ミサコ 
2/2	訪問 9:00〜 10:00	訪問中、排便ありました。リンゴ、いただき物を間違って冷凍室へ入れておられたので出しておきました。	ミサコ

極意：「言われました……」で終わらず、その後にどうしたかを書きましょう。また、それを誰に報告し、どう対応したかという大切なことも書く必要があります。実地指導でもチェックを受けるところです。Kさんを中心に考えれば、あたりまえのこと。

誰からどのように聞いたのか、「順調」の意味がこの方の場合はどのようなものなのか、わかるように。P.17とP.23から、「Kさんのため！」を考えれば難しくないことです。

3回のトイレですが、水分はきちんととれていてのことなのか、病気によるものなのか、などを確認しましょう。「『夜中に3回ほどトイレに行くので、ぐっすり寝られない』とおっしゃっていました。そこで、帰ってからサービス提供責任者Sさんに報告しました」などの書き方をしましょう。

連携：この記録の報告を受けて、「サービス提供責任者の記録」「ケアマネを通じて医師に相談」などがあるべき。例＝「ケアマネジャーに連絡を入れたところ……」

このような重要なことを伝えていないのはダメです。その後のことを書いていないのもダメです。関係者みんながかかわることなので、がんばりましょう。

Good！これがあるべき書き方です。自立支援！

担当介護職→サービス提供責任者（事業所などの上司）→ケアマネジャーへの報告・連絡・相談の流れが見えるようにしましょう（ケアマネジャーに直接のこともあります）。

前のページの続きです

右ページの記録の2/28とセットです。

訪問介護記録	ご利用者名：K様 （男）・女	担当介護職：○○ ミサコ	日時：平成 ○年 2月28日（○曜日） 10:00～11:00
バイタル	呼吸数 14回／分	脈拍数 70回／分	体温 36.7度　血圧 140／85

※該当するものに☑チェック及び○を記入する。

サービス内容

【サービス準備等】
☑健康チェック（特に排便…ある・ない・(1日おき)）
☑環境整備
☑相談援助、情報収集

【自立介護】
☑意欲・関心の引き出し 5分
☑共に行う（掃除）・調理・(洗濯) 5分

【身体支援】
☐排泄介助（トイレ・Pトイレ・おむつ）　分
☑水分摂取（介助、(声かけ)）1分
☐食事介助　分
☐専門的調理（きざみ・ミキサー・特別食）
☐清拭（全身・部分・陰部清拭）　分
☐部分浴（手・足・陰部洗浄・洗髪）　分
☐全身浴（入浴・シャワー浴）　分
☐整容介助（洗面・口腔ケア・身体的整容）　分
☐更衣介助　分
☐体位変換　分
☐移乗・移動介助　分
☐通院・外出介助　分
☐起床及び就寝介助（起床・就寝）　分
☐服薬確認　分
☐自立支援のための見守り的援助　分

【生活援助】
☑掃除・ゴミ出しの手伝い 15分
　（居室・寝室・台所・浴室・トイレ・Pトイレ）
☑洗濯（洗濯・乾燥・収納・アイロン）10分
☑ベッドメイク・布団干し 5分
☐衣類の整理・被服の補修　分
☐一般的な調理・配下膳　分
☐買い物　分
☐薬の受け取り　分
☑その他 5分
☐〔デイサービス荷物準備〕

【ケア内容留意事項】
自立に向けた行動が、だんだんできるようになってこられた。

金銭の取扱	預り¥　支払い¥　お釣¥	責任者	ご利用者様

水分摂取の重要さと注意点・ポイント

脱水症が重度になると昏睡状態を経て亡くなってしまうことがあります。水分摂取について、下記の注意点とポイントを押さえておいてください。

①高齢者は脱水症にかかりやすい
　（なぜか？）
　・体内の水分量が減少するから
　・水分の排泄量が増えるから
　・のどの渇きを感じにくくなるから

②脱水症の初期症状はかぜに似ている
　（どんな症状に気をつけるべきか？）
　・なんとなく元気がない
　・微熱がある
　・肌が乾燥している
　・口の乾きを訴える
　・うとうとすることが多い

③1日に食事以外で1300ml以上の水分摂取が必要
　（水分摂取量を把握する方法）
　・ふだん使っておられるコップの容量を量ると共に、1日に何杯飲んでいるか確認する
　・ポットのお湯の減り方を確認する
　・500mlのペットボトル3本に水やお茶を入れ、飲んでいただくようにする

④さまざまな工夫をして飲んでいただく
　・好きな飲み物をいつでも飲めるように用意しておく
　・ご家族や友人といっしょに飲んでいただく
　・ゼリーや寒天質のものもとっていただく
　・こまめに摂取するよう効果的な声かけをする

厚生労働省のマニュアルでも水分摂取が大切とされています！

厚生労働省の介護保険施設等実地指導マニュアルでも、「5つの基本ケア」のひとつとして水分摂取の大切さが明記されています。水分摂取はサービス担当者会議の項目に位置付けられ、具体的数値を記すよう示されているのです。

※「5つの基本ケア」とは？
……①起きる、②食べる・水分摂取、③排泄する、④清潔にする、⑤活動する
の5つの基本的なケアについて、ご利用者の情報をスタッフ間で共有する必要があります。

III 介護記録を見直そう！── 1・訪問介護の記録

極意 どういった状況なのでしょう？ 声かけの仕方が悪く「ノー」と言われることは多いものです。「水分摂取は本人の飲みたいときに飲んでいる」とのこと。Kさん専用のペットボトルを用意し、そこから飲んでいただき、どれだけ飲んだのかご自身でもわかるようにするなど、提案してみるとよいでしょう。
好きなものでも、水分摂取ができていればOKです。しかし、Kさんにとって糖分は控えるべきなどの情報は押さえておかなくてはなりません。ご利用者の情報に注意しておきましょう。

← 自立支援が見えてGood！

月/日		経過（介護記録）	記入者名
2/7	訪問 10:00～11:00	毎回、<u>水分補給を促すが拒否</u>。理由を聞くと自宅にある○○茶がおいしくないとのことで冷蔵庫内のレモンティーが好きだと言われ促し飲んでいただけました。	ミサコ
2/9	訪問 9:00～10:00	テーブル上ご主人が拭いてくださいました。<u>下着（パンツ）黄ばみ</u>が取れず奥様より処分してほしいとのことで洋服2枚も一緒に処分しました。	ミサコ
2/14	訪問 10:00～11:00	かぜ症状もなく、お元気でした。（研修生同行、<u>ケアマネ来訪</u>）**（事前確認済み）**　**かぜをひいておられたのでしょうか？ 不明確です。**	ミサコ
2/16	訪問 9:00～10:00	毎朝、起床時、体操20分以内しておられるそうです。アップルティーおいしいとのことで少し飲んでいただけました。	ミサコ
2/21	訪問 10:00～11:00	排便は毎日あるそうです。冷蔵庫からアップルティー出し飲んでいただいたら、むせられ「水以外はなぜかむせるので日中は水を飲んでいる」と言っておられました。**報・連・相＝連携を！ 今度はいつ受診でしょうか？「ケアマネジャーから医師へ連絡してもらうように話した」などと付け加えましょう。**	ミサコ
2/23	訪問 9:00～10:00	テーブル上水拭き、整理整頓一緒に行ないました。お茶ひと口飲んでいただきました。**→ ここで確かめてもらいましょう（○○病院）**	ミサコ
2/28	訪問 10:00～11:00	洗濯干し、テーブル上整理整頓、水拭き一緒に行ないました。**「食事は全部食べておられますか？」と確認をしましょう。　なぜでしょうか？ 確認しましょう。**	ミサコ
3/1	訪問 9:00～10:00	テーブル上水拭き、整理整頓、一緒に行ないました。昨日、○○病院定期受診へ行かれたそうです。**高血圧 前立腺肥大**（内科、泌尿器科、皮膚科3ヶ所）	ミサコ
3/6	訪問 10:00～11:00	食欲もあるそうでお元気でした。水分摂取は変わらず本人の飲みたい時に飲んでおられるとのことで訪問中ひと口だけでも飲んでいただきました。	ミサコ
3/8	訪問 9:00～10:00	食後、口腔ケアがまだとのことで声かけし、うがい等していただきました。**毎回、声かけをしていたのでしょうか？ プランにはありますが……何らかの記録をしましょう。**	ミサコ
3/9	訪問 11:00～12:00	サービス担当者会議参加、ご本人、長男のお嫁様、デイS、○○CM、○○5名参加、ヘルパー派遣については今後変更なし、担当ヘルパーには絶大な信頼をおいているとのこと、土日は、ご自分でトイレ掃除も今後は取り組んでいくとのこと。**サービス中のカンファレンスは禁止されています。**	ミサコ
3/13	訪問 10:00～11:00	排便はほぼ毎日あるそうです。先日、担当者会議時、<u>土日にトイレ掃除を</u>するとケアマネと約束したそうで、ちょっとがんばってみるとのことでした。	ミサコ

失禁について
オムツが黄ばんでいる場合、失禁によるものなのか、例えば排泄後にきちんと自分で拭けていないからなのか、確認しましょう。その際、ご利用者のプライドを守るために、捨てるときにさりげなく黄ばみの状態を確認するのが、介護のプロとしての作法です。または、声かけとして「ちょっといいですか？ 見せてもらいますね。どうにかして落ちないかなー」など、わざと明るい雰囲気にして確認するなど工夫を。

失禁は認知症のバロメーター
失禁は、認知症のバロメーターでもあるということも、覚えておきましょう。認知症が進んでいるのであれば、ご利用者に対して対してさりげなく、例えば尿取りパッドを提案するなども必要となってくるのです。

次のページに続きます

27

前のページの続きです

 右ページの記録の3/29とセットです。

| 訪問介護記録 | ご利用者名：K様 | 担当介護職：○○ ミサコ | 日時：平成○年 3月29日（○曜日） 9:00～9:59 |

| バイタル | 呼吸数 14回／分 | 脈拍数 70回／分 | 体温 36.7度 | 血圧 143／80 |

サービス内容

※該当するものに☑チェック及び○を記入する。

【サービス準備等】
- ☑健康チェック（特に排便…ある・ない・㊀日おき）
- ☑環境整備
- ☑相談援助、情報収集

【自立介護】
- ☑意欲・関心の引き出し 5分
- ☑共に行う（㊀掃除・調理・㊀洗濯）5分

【身体支援】
- □排泄介助（トイレ・Pトイレ・おむつ）分
- ☑水分摂取（介助、㊀声かけ）1分
- □食事介助　分
- □専門的調理（きざみ・ミキサー・特別食）
- □清拭（全身・部分・陰部清拭）分
- □部分浴（手・足・陰部洗浄・洗髪）分
- □全身浴（入浴・シャワー浴）分
- □整容介助（洗面・口腔ケア・身体的整容）分
- □更衣介助　分
- □体位変換　分
- □移乗・移動介助　分
- □通院・外出介助　分
- □起床及び就寝介助（起床・就寝）分
- □服薬確認　分
- □自立支援のための見守り的援助　分

【生活援助】
- ☑掃除・ゴミ出しの手伝い 15分
（居室・寝室・台所・浴室・トイレ・Pトイレ）
- ☑洗濯（洗濯・乾燥・収納・アイロン）10分
- ☑ベッドメイク・布団干し 5分
- □衣類の整理・被服の補修　分
- □一般的な調理・配下膳　分
- □買い物　分
- □薬の受け取り　分
- □その他 5分
- □（デイサービス荷物準備）

【ケア内容留意事項】
水分摂取の確認がうまくいかない。

金銭の取扱　預り¥　支払い¥　お釣¥

| 責任者 | ご利用者様 |

おそらく、月末のモニタリングのために、こういう記録になっているのだと思われますが、実施記録にしっかりと書けばよいことはこちらに記入し、効率良い記録を心がけましょう。モニタリングのためなら、○印でわかる書き込み欄を作るなど改善するようにしましょう。P.33も参照。

極意　かかわり「拒否」の裏には、工夫のなさがうかがえます。あまり「拒否」が続くと、無理にしている精神的虐待にもつながります。人間関係をこじらせる元です。虐待についてはP.49参照。

さりげない体調確認の声かけ例

「今から体調確認をします！」などと定形文句のように切り出したら、誰でも緊張してしまいます。次のような声かけをするなど工夫しましょう。

- ●口腔ケアで……「どうですか？　歯は磨けていますか？　朝と夜、毎日できていますか？」
- ●水分摂取で……「このペットボトルの量が、1日でなくなったんですね。すごい！　きちんと飲めています。水分は毎日1500mlを摂らないとダメって、国の指導にもあるようですからね」
- ●食事で……「このごろ、暑いですね。私なんか食欲があまりなくって……。○○さんはどうですか？」
「どうですか、お食事、食べられていますか？　3食、どのくらいの量ですか？」

「拒否」について

排泄のときに「おむつ交換に行ったけど、拒否された」など、拒否されることがあります。これには、もしかしたら、介護者の声かけや姿勢、もしくは異性の介護者に対する羞恥心などがあるのかもしれません。そこに気づかず、「拒否をする○○さんが悪い」といった記録の書き方をしてしまわないように注意しましょう。

心配できる、気をつかうことができる介護者になるために ～右記4/17の欄の記入例として～

「訪問の際『ベッドに少し横になりたい』と言われたため、『どうされました』と声かけをしたら、『今日は体調が思わしくない』と言われたため、体調を整えるために横になっていただいたら、いびきをかき始め、寝てしまわれました。そのため、今日は自立支援の"ともにやる"行為はできませんでした。ご本人が寝ておられましたので、奥様に『今日、お掃除はどのようにいたしましょうか？』と聞くと、『寝ててもかまわないからやってほしい』と言われたので、起こさないように、掃除機をかけない手作業でほこりを立てずに掃除をして収めました」

III 介護記録を見直そう！── 1・訪問介護の記録

奥様のケアとの混同は避けましょう！　奥様のサービスに入るときに、ご主人の分もいっしょに請求していると、実地指導で誤解される恐れがあります。Kさんのケアに入っているのですから……「明日、○○眼科に奥様がヘルパー同行のもと受診される際、Kさんもいっしょに受診されるとのことでした」などと書きましょう。これも、報・連・相です！→ケアマネジャーほかへ

月/日		経過（介護記録）	記入者名
3/15	訪問 9:00～10:00	ケアハウスの食堂より帰って来られたばかりとのことで口腔ケアの声かけをし、行なってもらいました。	ミサコ
3/20	訪問 9:00～10:40	明日、○○眼科、奥さん、ヘルパーと一緒に行き御本人も受診されるとのことでした。タクシー予約されました。(Kさんが／をしたと言われました。)	ミサコ
3/22	訪問 9:00～10:00	研修生同行。昔の話しをされ、とても楽しそうでした。(が同行し、ご本人了解のもと／若い人を育てたいという、Kさんの優しい人柄がわかりますね。)	ミサコ
3/27	訪問 9:40～10:40	明日、○○病院、泌尿器科、内科、皮膚科受診予定。お体は変わりなくお元気とのことでした。(どこが悪いのかを聞きましょう。報・連・相です！)	ミサコ
3/29	訪問 9:00～9:59	昨日の○○病院受診、異常なく、いつもの服薬処方されたそうです。訪問中の水分摂取は声かけにより１口程度は飲まれる時あり。ただし、水分確認がとりにくく、プラン変更の必要性あり。食事はケアハウス内食堂にて１日３食（主食は大盛り）。毎朝、起床時、体操（１時間程）し身体筋力維持に努めています。毎朝・夕食後に歯磨きしているとのことですが、奥様の話では夕食後のみとのこと。今後、口腔ケアの声かけをし、促します。居室の掃除等の援助を行ない自室の清潔を保つことができています。掃除ができるようアドバイスを行ないながらできるところをしています。	ミサコ
4/3	訪問 9:00～10:59	カセットテープの音が出ないとのことで見てほしいとの依頼あり、テープの切り替えボタンを押したら大丈夫でした。	ミサコ
4/5	訪問 9:00～9:59	「水分は飲みたい時に飲むから」と訪問中は拒否されました。(訪問時間外に、自らきちんと飲んでいただく環境整備を！→P.26の下参照)	ミサコ
4/10	訪問 10:00～10:59	水分は訪問中拒否されました。ケアハウス内食堂へ行く時間を今までより早くされたそうで「人助けのため」と言っておられました。(のは何のためかお聞きすると)	ミサコ
4/12	訪問 9:00～9:59	口腔ケア声掛けし行なってもらいました。(「朝食後の口腔ケアをされましたか？」と声かけをすると、まだとのことだったので、行なっていただきました。)	ミサコ
4/17	訪問 10:00～10:59	訪問中、ベット上で少し横になったら寝てしまわれました。(毎回、どこに座るか迷う方がおられるから、とのこと。)	ミサコ

訪問時、カセットテープレコーダーの音が出ないとのことで、見て欲しいと依頼がありました。テープの切り替えボタンを押せば大丈夫なことをご本人に教えました」などとすると、自立支援につながりますね。

この際、「どうされたのだろう？」と心配できる、気をつかうことができる介護職になりましょう。横になられた時点で「体調がすぐれませんか？」など声かけをするのが基本です。そして、それを記録に書き、報・連・相をして、急変などに備えましょう。自立支援のために、いっしょに掃除などをするのですから、寝てしまわれたら、ただの家事代行になってしまいます（左ページ左下も参照）。

「異常なく」……？

極意　異常があるから薬を飲んでおられるので、ここで「異常なく」という言葉はあり得ません。例えば、「症状は特に悪くなっておらず、いつもの服薬処方をされたそうです」、または状態が落ち着いているのであれば「落ち着いているので、一応もう少しお薬を飲んでいただくようになったそうです」などと書くべきです。

プランを「水分摂取量の確認のためペットボトルの中身の量の減り具合をチェックする」というように変更し（ケアマネジャーとカンファレンスで話し合うとよいでしょう）、「ご本人が好きなレモンティーやアップルティーの量がどのくらい減ったか、確認する」ことにしてはどうでしょうか。もちろん、ペットボトルは奥様のものと分けておきます。

「水分をもっと摂取してください」と言えば言うほど、ご利用者に「好きな時に好きなだけ飲ませてほしい」と思われるのが普通です。自分がKさんの立場になって、水分摂取への声かけを考え、工夫していくことが大切です。ケアは業務ではありますが、心に寄り添うことを忘れないようにしましょう！（P.26 下も参照）。

29

前のページの続きです

 右ページの記録の
4/20とセットです。

訪問介護記録	ご利用者名：K様	男・女	担当介護職：○○ミサコ	日時：平成○年 4月20日（○曜日） 9:30～10:29
バイタル	呼吸数 14回／分	脈拍数 70回／分	体温 36.7度	血圧 135／80

※該当するものに☑チェック及び○を記入する。

【サービス内容】

【サービス準備等】
☑健康チェック（特に排便…ある・ない・⓵日おき）
☑環境整備
☑相談援助、情報収集

【自立介護】
☑意欲・関心の引き出し 5分
☑共に行う（掃除）・調理・(洗濯) 5分

【身体支援】
□排泄介助（トイレ・Pトイレ・おむつ） 分
☑水分摂取（介助・⓵声かけ）1分
□食事介助 分
□専門的調理（きざみ・ミキサー・特別食）
□清拭（全身・部分・陰部清拭） 分
□部分浴（手・足・陰部洗浄・洗髪） 分
□全身浴（入浴・シャワー浴） 分
□整容介助（洗面・口腔ケア・身体的整容） 分
□更衣介助 分
□体位変換 分
□移乗・移動介助 分
□通院・外出介助 分
□起床及び就寝介助（起床・就寝） 分
□服薬確認 分
□自立支援のための見守り的援助 分

【生活援助】
☑掃除・ゴミ出しの手伝い 15分
　（居室・寝室・台所・浴室・トイレ・Pトイレ）
☑洗濯（洗濯・乾燥・収納・アイロン）10分
☑ベッドメイク・布団干し 5分
□衣類の整理・被服の補修 分
□一般的な調理・配下膳 分
□買い物 分
□薬の受け取り 分
□その他 5分
□〔デイサービス荷物準備〕

【ケア内容留意事項】
日時変更
デイサービスが楽しそう。

金銭の取扱	預り¥
	支払い¥
	お釣¥

責任者	ご利用者様

実地指導のためにも気をつけよう！ コンプライアンス
「デイサービスは基本は屋内！」

●外出しての通所介護サービスの提供
指定通所介護は、事業所内でサービスを提供することが原則であるが、
1・あらかじめ通所介護計画に位置付けられていること。
2・効果的な機能訓練等のサービスが提供できること。
という2つの条件を満たせば、事業所の屋外でサービスを提供することができる。
（参照：11.9.17 老企第25号第3の6の3（2）
「指定通所介護の基本取扱方針及び具体的取扱方針」④）

デイサービスは、基本的に屋内でのケアとなります（P.41参照）。このような表記のためには、P.17のKさんのケアプランとP.23のKさんの通所介護計画書の、これらのことに当たるところに、もう少し明確な記述が必要です。
「KさんのIADL（日常生活動作）向上への技能訓練における意欲継続のため、屋外での歩行訓練（散歩）をする」などの言葉がP.17の「健脚メニュー」のあたりにありつつ、P.23の「屋外歩行」の部分もふれているなら、よいでしょう。

また、4/24の「コンビニまで…」、5/8の「○○球場まで…」の部分も、計画的なものであるかどうか、疑問です。これらの場合は、「日頃の屋内での機能訓練が社会生活の中で活用できるかどうかを確認するために、時折、外出にて機能訓練の効果測定を行なう……」などの書き方になっていれば問題ありません。ケアマネジャーと通所介護計画の責任者が連携しつつ、ケアプランと通所介護計画書に入れていきましょう。

連携 ご利用者のデイサービスについての発言を受け止めて、意欲や目的意識が芽生えていることなどをケアマネジャーに伝え、そのことをデイサービスの担当に伝えていく
→情報の共有
→みんなで支える
……というように展開させていきましょう。
デイサービス側もうれしくなります。

III 介護記録を見直そう！——1・訪問介護の記録

「ご本人とケアマネジャーに了解を得て、何月何日のサービスを、本日へのサービス変更とさせていただきました」などと、ケアプランにのっとって行なうことですから、きちんと書きましょう。

「タクシーの予約確認をしました。」

1/17の記録には、タクシーのことが出ています。それを忘れていて、予約の時間に行けなくなることを予想した介護を心がけておきましょう。

月/日		経過（介護記録）	記入者名
4/20	訪問 9:30～10:29	本日こちらの都合により日時変更にて訪問させていただきました。明日、デイサービスで散歩するそうです。	ミサコ
4/24	訪問 10:00～10:59	明日は○○病院内科、泌尿器科、定期受診とのことです。21（土）デイサービスで近くのコンビニまで散歩に行ってきたそうです。	ミサコ
4/26	訪問 9:00～9:59	25（水）○○内科、泌尿器科定期受診はお変わりなかったそうです。朝食後の口腔ケアまだとのことでしていただきました。	ミサコ
5/1	訪問 10:00～10:59	少し暑くなってきたので衣類の入れ替えしたいとのことで一緒に行ない着ない衣類は処分しました。（本人了解のもと）	ミサコ
5/3	訪問 9:00～9:59	掃除機ゴミ取りパックにたまっていたので交換しました。デイサービスでは散歩、習字をしているそうです。交換をいっしょにやっていただくのが自立支援です。	ミサコ
5/8	訪問 10:00～10:59	デイサービスで○○球場まで散歩されたとのことで2～3日後少し足が痛くなったそうです。今度は球場を外周したいと言っておられました。足の状態を確認し、報・連・相！それが介護のプロの記録です！	ミサコ
5/10	訪問 9:00～9:59	9（水）のデイサービスで散歩されたそうでたくさん歩かれたそうです（約7000歩）。	ミサコ
5/15	訪問 10:00～10:59	排便はほぼ毎日あり（2回ある時もあり）食事は大盛りで食べておられるそうです。	ミサコ
5/17	訪問 9:00～9:59	16（水）デイサービスで散歩され7000歩以上歩行されたそうです。【極意】「悪化はしていないとのこと。…」としないと、状態がはっきりとしませんし、薬は前と同じものが同じだけ処方されたかどうかもお聞きしておかないと副作用と効果がつかめません。プロとしては、前回の処方の書面と照合して確認するほうがよいでしょう。急変などの場合、救急隊がまず確認するのが、「どこの病院に行っているのか」「どんな疾患があるのか」「どんな薬を飲んでいるのか」などです。ご利用者のことを深く知り、考え、いっしょにがんばる姿勢があれば、できるはずです。本当の介護のプロを目ざしましょう。	ミサコ

3/1と3/27に受診されていた「皮膚科」はどうなりましたか？

↓

気づいて、お聞きして、必要なら報・連・相を！

↓

前の記録を読み返して気づくことは多いのです。以前の記録を見返し、振り返りつつ、確認しながら、よりよいケア・サービス提供に努めましょう。

デイサービスの記録になってしまっています。自分のサービス提供による自立支援はどうだったかを書くのがミサコさんの記録です。

やったことだけね。ニーズは押さえてるみたいだけど…

読者の皆さんなら、どう書きますか？
次はリョウ君の番だよ！

31

ミサコさんの記録のまとめとして

最後にミサコさんが作成したモニタリング表（評価表）を見ておきましょう。

3月　モニタリング表（評価表）

氏名　K様　　　　　　　　　　　　　　　　　　　　作成日：平成24年4月9日

	プランの実践状況	目標達成状況	満足度	プラン変更の必要性
栄養マネジメント	水分量：　ml　　栄養量： 訪問中の水分摂取は、声かけにより、一口程度は飲まれるときあり。 食事は、ケアハウスレストランにて1日3食。	・改善している ・維持している ・低下している	・満足 ・不満 ・不明	・継続 ・見直し＜課題＞ ・水分確認が 　とりにくい
機能回復訓練	歩行：　○　　　体操：　○ 立位保持：○　　座位保持：○ 毎朝、起床時に体操（1時間程度）し、身体筋力維持に努めておられる。	・改善している ・(維持している) ・低下している	・満足 ・不満 ・不明	・(継続) ・見直し＜課題＞
口腔維持	口腔ケア：○　　口腔体操：× 自歯。 毎朝、夕食後に歯磨きをしているとのことですが、奥様のお話では夕食後のみとのこと。	・改善している ・(維持している) ・低下している	・満足 ・不満 ・不明	・(継続) ・見直し＜課題＞ ・今後、口腔ケア 　の声かけを促す
長期（目標）	居室の掃除等の援助を行ない、自室の清潔を保つことができている。	・改善している ・(維持している) ・低下している	・満足 ・不満 ・不明	・(継続) ・見直し＜課題＞
短期（目標）	掃除ができるようアドバイスを行ないながら、できるところをされている。	・改善している ・(維持している) ・低下している	・満足 ・不満 ・不明	・(継続) ・見直し＜課題＞

相談員	看護師	栄養士	リーダー	機能訓練指導員	本人・家族	担当者・ケアマネ

コメント:
- 例＝毎朝、起床時に体操し、身体筋力維持に努めておられるとのことでした。継続して行なっておられるか、訪問時にお声がけしながら確認をしていきます。
- アセスメント表に書けばよいことかどうか、モニタリングに書く内容か、踏まえて書きましょう。
- P.14～17、23とのずれを修正しましょう。
- 例＝台所と居間はできるようになってきていますが、もっと長期目標が達成できるように、介護職が訪問しない時間もご自分でよく掃除ができるように声かけを行なっていきます。

III 介護記録を見直そう！── 1・訪問介護の記録

 P.29の記録について
より自立支援に向けての記録にするなら……
3/29は、モニタリングのためと思われます。実施記録のレ点チェックだけでは見えないことを、毎回の記録から拾って、ケアマネジャーに提出するモニタリングとしていくべきです。訪問したときでなく、訪問していないときに、自分ですすんでできるように「自立支援」するのが介護職の仕事です。ケアをそういう前向きなものに変えていきましょう。

ケアハウス食堂にて1日3食、ご飯は大盛りを食べておられるとの話ですが、ケアハウスの職員やケアマネジャーとも相談して、食事摂取量のチェックも行なっていきます。

 極意 しかし、P.14～17のKさんのケアプランには、訪問介護での生活機能訓練がありますが、P.23の訪問介護計画書ともモニタリングでは「生活機能のどこが回復したのか」が書かれていません。これでは「訪問介護でのニーズ」の共有はできません。

 「口腔ケアへの声かけ」について……「促し」ではなく「お声がけ」を！
ご本人は毎朝・夕食後に歯磨きをしていると言われていましたが、奥様に確認すると夕食後のみと言われていたため、「朝食後も歯を磨くようにしましょうね」と声かけをさせていただきました（「よく忘れてしまうことがありますものね」などとプライドを傷つけない声かけの工夫をしています）。

 極意 次月につながるポジティブなモニタリングを！
＝自立支援に向けて、何がどうだったか！
（「今月は○○のように過ごしました」
……では、来月のアプローチが見えません）

 極意 P.14～17の第2表やP.23の訪問介護計画書から見ると、バイタルチェックについて触れられていないなど、ずれがあります。

実地指導に向けてのポイント ～訪問介護～

●**サービス提供及び記録について**
・提供記録について、具体的なサービス内容が記載されていない。
・ケアプランや訪問介護計画に位置づけられていないサービスが提供されている。
・訪問介護計画と提供記録と給付請求が一致しない。
・実際のサービス提供内容と記録が一致しないなど、記入漏れや誤記等の不備がみられる。
・保険と保険外の記録が混在している。
（介護予防訪問介護のみ）
・介護予防サービスの提供状況について、予防支援事業者に報告していない。

> サービスの提供記録は、「利用者の生活の記録」と「提供したサービスの証明」としての2面性を持つ。
> 利用者の心身の状態観察やサービスの利用の具体的状況を客観的事実に基づいて記録することにより、利用者の変化の気づきにつながる。また、提供されるサービスの目標を念頭におき、その目標に対して気がついたことも記録することで、目標に対するサービス評価の根拠ともなる。
> 計画された内容がサービス提供されたかどうかにより、サービスの評価ができ、またそれが報酬算定の根拠となる。このため、サービス提供責任者は具体的な記録を求めるとともに、提供されたサービス内容の確認を行うこと。

●**モニタリング・評価について**
・モニタリングで評価している内容が訪問介護計画の目標と一致していない。
・目標に対する達成状況がわからず、評価として不十分である。
・訪問介護の評価を行っていない。
・サービスの実施状況や評価について利用者に説明していない。
（介護予防訪問介護のみ）
・モニタリング結果の記録を予防支援事業者に報告していない。

★**介護記録等**
・記録することは、支援方針の連続性・一貫性を維持すること、適切な支援（妥当性）が行われたかどうかの検証となり、サービスの質を確保する上で重要である。
・公的な介護保険制度として提供されるサービスにおける透明性が確保される。
・サービス提供における一連のプロセスの中で、基準上必要とされる書類は、サービスの水準を確保する上で必須なものである。支援を行う目的や判断した根拠など、具体的・客観的に記録し、関係者で共有すること。
・事業所が行ったことの事実の証明ともなる。
・修正テープの使用、個人情報の入った用紙を裏紙で使用することは避けること。

※平成24年度　杉並区介護保険サービス事業者集団指導資料より抜粋

Ⅲ-②　通所介護の記録

P.14～17のケアプラン、P.23の通所介護計画による、Kさんの通所介護の記録です。

アキねこ先生：リョウくんは、声かけが上手なのに、なぜそれを記録に入れないの？ もったいない！ 機能向上の兆しとか、前回に比べて今度はこうしたいとか、そういう意欲を引き出していたじゃないですか。

Kさんは前年の10月から利用で現在利用3か月目です。そのときの記録は右の赤枠内です。

【極意】このままでは、スポーツクラブに来て、過ごしてもらったという記録になってしまっています。Kさんへのお声がけもなく、Kさんのごようすや言動も伝わっていません。
このままだと、何もかかわっておらず、放置しているように誤解される恐れがありますし、実地指導でもチェックが入りそうです。
そして、事故が起こったときなどにも、検証できないことになります。上司（相談員）やケアマネへの報・連・相も全く見えてきませんので、なおさらです。

K様の経過記録

歩行：自立（やや前屈み）　　移乗・移動：自立
認知：プログラム時間の把握は常に声かけ必要。プログラムの把握は時間がかかると思われるので、しばらくは声かけが必要。
入浴動作：着脱・自立　洗身・洗髪・常時声かけ　慣れていないのか、常に声かけがないと動かれない。洗身中、洗って流さないまま立ち上がり、湯船に向かおうとする。
活動：身体を動かすことが昔から好きで、自己流で体操を行なっていた。活動参加を促すと「やってみようか」と了承される。しばらく声かけが必要かと思われる。
ほぐし→入浴→バイキング→ポパイ

年/月/日	経過記録
平成○○年1月7日	10：00／手あんま（機能）、お茶（喫茶） 11：00／入浴 入浴動作に対する声かけはほとんど必要なし。 血圧＝156／72　脈拍＝69　体温＝36.3
平成○○年1月11日	9：00／お茶（喫茶） 10：00／手あんま（機能）、お茶（喫茶）、上肢体操（機能） 11：00／入浴 12：00／バイキング（機能） 13：00／おやつ作り 上肢体操参加の後、ほぐしを行なわれる。 血圧＝157／76　脈拍＝67　体温＝36.2
平成○○年1月14日	9：00／気分次第 10：00／手あんま（機能）、上肢体操（機能）、ポパイ（機能） 11：00／入浴 上肢体操の後、パワーリハビリ4機種（ホリゾンタルレッグプレス、ローイング、レッグエクステンション、チェストプレス）。 血圧＝156／73　脈拍＝72　体温＝35.8
平成○○年1月21日	10：00／お茶（喫茶）、ほぐし（機能）、ポパイ（機能）、剣の道（機能） 11：00／入浴 パワーリハビリ4機種（ホリゾンタルレッグプレス、ローイング、レッグエクステンション、チェストプレス）、剣の道1往復。 血圧＝141／66　脈拍＝78　体温＝35.2

コメント（欄外の注記）

- 通所の環境に慣れてこられた、ということでしょうか。「ほとんど自立してこられた……」などを入れましょう。
- 洗身・洗髪や浴槽またぎの際に転倒しないよう、自立支援への見守りについての「経過」が誰にでもわかるように書かれないといけません。
- Kさんの正常値を把握していますか？ 血圧は高めの方ですから、必ず入浴の仕方や機能訓練のしかたもどういう注意が必要かわかったうえでないと、バイタルを取っても「決まっているから、しているだけ」になってしまいます。別にバイタルチェック表があると、毎日の変化がわかりやすいでしょう。P.24参照。
- 血圧の変化に気づき、ケアマネジャーへの報・連・相をし、それを記録に残しましょう。
- （1F→2Fの階段昇降）などと具体的に記入しないと、誰が見てもわかるものになりません。

III 介護記録を見直そう！──2・通所介護の記録

すべてはKさんのニーズのためです。それを忘れずにサービス提供していれば、このような記録にはなりません。

> そうですか……

介護職（通所）
リョウくん

年/月/日	経過記録
平成○○年1月25日	10：00／手あんま（機能）、お茶（喫茶）、健康トリム（機能）、計算問題（頭脳パワー） 11：00／入浴 健康トリム：大車輪、滑車、計算問題に取り組まれる。 血圧＝121／50　脈拍＝61　体温＝35.6
平成○○年2月4日	9：00／書道教室（ただいま挑戦中…目標を立てる） 10：00／頭脳パワー、屋内ポールウォーキング、剣の道 11：00／手あんま（機能）、入浴 脳トレメニューにて計算問題を行なわれる。ただいま挑戦中に「計算を続ける」目標を立てられる。書道教室参加。 屋内ポールウォーキング 400m。剣の道3往復。歩行姿勢が改善傾向。 血圧＝125／59　脈拍＝70　体温＝36
平成○○年2月8日	9：00／お茶（喫茶） 10：00／手あんま（機能）、お茶（喫茶）、健脚（機能） 11：00／入浴 屋内ポールウォーキング 500m。その後あんまをされる。 血圧＝136／55　脈拍＝59　体温＝36.3
平成○○年2月11日	9：00／書道教室 10：00／ほぐし（機能）、健康トリム（機能）、頭脳パワー 11：00／入浴 書道教室。健康トリム：大車輪、滑車、計算問題。 血圧＝137／68　脈拍＝69　体温＝36.3
平成○○年2月15日	10：00／ほぐし（機能）、お茶（喫茶）、健脚（機能） 11：00／入浴 屋内ポールウォーキング 500m。その後ほぐしをされる。 血圧＝164／43　脈拍＝67　体温＝36.2

前回よりも増えたことに関して、何かやり取りは？　声かけは？　1か月単位でグラフにしてお見せする、などをすると、Kさんのやりがいや意欲向上につながるでしょう。

P.17のケアプラン／P.23の通所介護計画

極意 これらに書かれてあることを振り返りをしているかが大切です。

1日をどう過ごされたかではなく、経過記録としては、その中でKさんのニーズに向かっての自立支援がどうだったかを書きましょう。
・何ができたかではなく
・前回に比べて
・次はこうして、こうなった

上記の3つが、全く見えません。

高いです！　変化があります！
お風呂や運動について、Kさんの体調の変化の場合のことをケアマネジャーを通じて確認できていたのでしょうか。

P.31にも出ていましたが、訪問介護のミサコさんに、「デイサービスが楽しい」と話されていました。できることが増えていく、歩行距離が伸びていくことがうれしいとのこと。これを色塗りグラフ（ご本人が塗る）などで見える化を図りましょう。「自立支援の見える化」です。

次のページに続きます

35

前のページの続きです

スタッフとご利用者だけでなく、誰が見ても意味がわかるように書きましょう。

K様の経過記録

年/月/日	経過記録
平成○○年2月18日	10：00／ほぐし（機能）、お茶（喫茶）、健脚（機能）、剣の道（機能） 11：00／入浴 屋内ポールウォーキング600m。剣の道3往復。 血圧=131／51　脈拍=55　体温=35.6
平成○○年2月25日	9：00／書道教室 10：00／ほぐし（機能）、頭脳パワー 11：00／入浴 書道教室参加。計算問題。 血圧=142／72　脈拍=65　体温=36.2
平成○○年3月3日	9：00／お茶（喫茶） 10：00／ほぐし（機能）、お茶（喫茶）、健脚（機能）、剣の道（機能） 11：00／入浴 屋内ポールウォーキング600m。剣の道3往復。 血圧=146／60　脈拍=74　体温=36
平成○○年3月7日	9：00／お茶（喫茶） 10：00／ほぐし（機能）、お茶（喫茶） 11：00／入浴 血圧=151／66　脈拍=69　体温=35.9
平成○○年3月10日	9：00／お茶（喫茶） 10：00／ほぐし（機能）、お茶（喫茶）、健脚（機能）、剣の道（機能） 11：00／入浴 屋内ポールウォーキング680m。剣の道3往復。 血圧=133／63　脈拍=71　体温=36.5

極意　人と人とのかかわりが見えません！

「ご自宅で、前回から今回利用されている間に、体調変化や転倒などの事故があったかお声がけをし、サービス提供を行なった」ということも見えません。

訪問介護との連携（ご自宅でのようすを知っている）ケアマネジャーとの連携（みんなをつなぐ役割）

医師との連携（運動をこれだけこなす人のKさんの水分摂取量の目安を教えてもらう）など。

リョウくんの記録、全部に担当者欄がありません！必ず名前を入れましょう。

III 介護記録を見直そう！――2・通所介護の記録

年/月/日	経過記録
平成○○年3月14日	9：00／お茶（喫茶） 10：00／ほぐし（機能）、お茶（喫茶）、健脚（機能）、剣の道（機能） 11：00／入浴 屋内ポールウォーキング680m。剣の道3往復。 血圧＝146／80　脈拍＝61　体温＝36.3
平成○○年3月17日	9：00／お茶（喫茶） 10：00／ほぐし（機能）、お茶（喫茶）、健脚（機能）、剣の道（機能） 11：00／入浴 屋内ポールウォーキング760m。剣の道3往復。 血圧＝155／85　脈拍＝76　体温＝36
平成○○年3月24日	10：00／ほぐし（機能）、習字、頭脳パワー 11：00／入浴 12：00／入浴 書道教室参加。教室の先生について尋ねられる。 料理、水墨画、俳句等の教室のようすを伝える。「人生経験を伝える教室は難しいかな」と。自分史を書いて読んでいただくことから始めてみて、話を聞きたい方へ話をする機会をつくることも選択肢としてあることを説明すると、「考えてみるちゃ」とのこと。 計算問題。 血圧＝137／60　脈拍＝66　体温＝36.9
平成○○年3月31日	10：00／ほぐし（機能）、習字、剣の道（機能） 11：00／入浴 書道教室参加。剣の道3往復。 血圧＝145／70　脈拍＝73　体温＝36

極意 こちらからお声がけとKさんのおっしゃったこと、そこから自立支援のためにどうするかを考える……その意識が見えません。

リョウくん以外の人がKさんを担当することもあります。ケア・サービス提供の質の保障のためには、前回担当のリョウくんがどうかかわったのか見えないと、次の担当者が同様にできません。質の継承のためにも記録にどのようなお声がけをしたか、残していきましょう。

違う担当者が記録を読んだとき、Kさんにとって心地良いお声がけの仕方も、そこから読み取るでしょう。「また同じことを言わせるのか……」とご利用者を不快な気持ちにさせないようにしましょう。

ふだんと違う活動をされたことを書くのはよいことです。しかし……

お声がけとKさんのおっしゃったこと、選択権を与えられたことは書いてありますが、これはデイサービスのメニューの説明と誤解を受ける場合もあります。自立支援のためにどうするかという観点でかかわり、記録を書いておくことも心がけましょう。

次のページに続きます

前のページの続きです

> デイサービスは基本的に屋内です（P.41 参照）。

K様の経過記録

年/月/日	経過記録
平成○○年4月4日	10：00／健脚教室（機能）、ほぐし（機能）
	11：00／入浴
	健脚教室上級参加。ポールウォーキングで屋外歩行 2km。
	血圧＝150／65　脈拍＝69　体温＝36.6
平成○○年4月7日	9：00／書道教室
	10：00／頭脳パワー
	11：00／入浴
	書道教室参加。計算問題。
	血圧＝130／60　脈拍＝82　体温＝36.8
平成○○年4月11日	10：00／ほぐし（機能）、習字、頭脳パワー
	11：00／入浴
	12：00／入浴
	書道教室参加。計算問題。
	血圧＝154／74　脈拍＝60　体温＝36.4
平成○○年4月14日	10：00／お茶（喫茶）、健脚教室（機能）
	11：00／入浴
	健脚教室上級参加。ポールウォーキングで屋外歩行 2km。
	血圧＝150／64　脈拍＝71　体温＝36.7
平成○○年4月18日	10：00／健脚教室（機能）
	11：00／入浴
	健脚教室上級参加。ポールウォーキングで屋外歩行 2km。
	血圧＝147／72　脈拍＝78　体温＝36.6
平成○○年4月21日	10：00／健脚教室（機能）
	11：00／入浴
	健脚教室上級参加。ポールウォーキングで屋外歩行 2.5km。
	血圧＝151／85　脈拍＝71　体温＝36.3

極意　一番大切なことは、特にこういう機能訓練などの場合に
「前回より○○ができるようになって、すばらしいですね」
「目標が達成できましたね！」
「がんばりましたね！」
などと、共感により、ご利用者の意欲を高めていくことです。

P.24～33の訪問介護におけるアキコさんの記録では、Kさんは水分補給がうまくいかないことがたびたび取り上げられています。

通所介護でも水分 400cc（ケアプラン……P.17）、水分 500cc（通所介護計画）と記述があります。これだけ運動をされているので、相当量の水分摂取はしておられるでしょうが、そのことに関する記録が見当たりません。
記録を通しての連携を意識しましょう。

III 介護記録を見直そう！——2・通所介護の記録

年/月/日	経過記録
平成○○年4月28日	10：00／健康トリム、健脚教室（機能） 11：00／入浴 健康トリム：大車輪。健脚教室上級。屋外歩行 2.5km。 血圧＝141／68　脈拍＝70　体温＝36.3
平成○○年5月2日	10：00／健脚教室（機能） 11：00／入浴 健脚教室上級。屋外歩行 2.5km。
平成○○年5月9日	10：00／健脚教室（機能）、お茶（喫茶） 11：00／入浴 健脚教室上級で、○○球場との間を1往復される。 午前のみで 6203 歩。
平成○○年5月12日	10：00／健脚教室（機能） 11：00／入浴 健脚教室上級で、○○球場との間を1往復される。 スタジアム外周。午前のみで 7000 歩超。
平成○○年5月12日	10：00／健脚教室（機能） 11：00／入浴 健脚教室上級で、針原地域周辺と球場外周。 午前のみで 7200 歩超。
平成○○年5月16日	10：00／健脚教室（機能） 11：00／入浴 健脚教室上級で、○○球場との間を1往復される。 スタジアム外周。午前のみで 7000 歩超。
平成○○年5月19日	10：00／健脚教室（機能） 11：00／入浴 健脚教室上級で、○○球場との間を1往復される。 スタジアム外周。午前のみで 7300 歩超。

どこが、どういけないのかな？

もう、わかるでしょ！

これ以降がバイタルの数値がありませんが、何か理由があるのでしょうか？

最近では、介護記録の便利なデータシステムが開発されています。それらとうまく連携させ「表」で確認したほうが変化に気づきやすいように作ってある、とすれば、バイタル入力とタイムテーブル、その日のメニュー選択などはそちらに任せ、工夫をしましょう。

そして、5W1H+I で（P.8、P.56・57 参照）を意識して、前回と比べてどうだったか、ごようすはどうだったか、何とおっしゃっていたか、どんなお声がけをしたか、今後に向けてどうしていくのか……など、直接ケアにかかわった「あなたしか書けないこと」に絞って記録にまとめていくとよいでしょう。

次のページに続きます

リョウくんの記録のまとめとして

最後にリョウくんのモニタリング表（報告書）を見ておきましょう。

4月 モニタリング表（報告書）

氏名　K様

作成日：平成○○年4月28日
事業所名：○○○○○○○サービス　　報告者：○○ リョウ

総合結果	健康に注意して生活していきたい。	足腰を鍛えて、杖を使いたくない。	ゆっくり風呂に入りたい。
目標	脱水防止と運動習慣	歩行の安定	入浴動作の自立
個別援助計画内容	バイタルチェック 水分500ml摂取 健脚教室参加	健脚教室参加 パワーリハビリ ほぐし	洗身、洗髪と、 ~~浴槽出入りの見守り~~ **浴槽またぎの自立支援への見守り**
実施状況	バイタルは安定。自分で測定し、記入することで体調を把握。水分500ml以上摂取。	ほぐしへの参加はあるが、健脚教室参加の声かけが必要。	遠位見守りで入浴実施。転倒、ふらつきなし。
評価／今後の対応	□向上→終了　□低下→再アセスメント　■維持→プランの継続	□向上→終了　□低下→再アセスメント　■維持→プランの継続	□向上→終了　□低下→再アセスメント　■維持→プランの継続
次回目標設定	ここは……Kさんの目標がこのようになりました。大切にしていきます。（ただし、血圧と持病に気をつけ、無理のないように見守ります）……などのように書くとよいでしょう。		

―――――――――― 以下は、ご本人・ご家族様記載 ――――――――――

ご本人・ご家族のサービスに関するご意見・ご要望など	その他

III 介護記録を見直そう！――2・通所介護の記録

「通所介護・介護予防通所介護の手引き」（兵庫）より
〜46 事業所外の活動について、通所介護サービスの対象とできるか?〜

指定通所介護は、事業所内でサービス提供することが原則であるが、次に掲げる条件を満たす場合においては、事業所の屋外でサービスを提供することができる。

ただし、当該事業所の利用者を対象に、事業所外の温泉施設等に日帰りの小旅行を行った場合等については、介護保険内のサービスとすることは適切ではないため、保険外サービスとされたい。

① あらかじめ通所介護計画に位置付けられていること
② 効果的な機能訓練のサービス提供ができること

例1 午前中は事業所内で機能訓練等を行い、午後から花見等戸外での活動を行う場合等
↓
リハビリを兼ねて近隣の公園等を散歩する等のレクエーションを行う場合は算定可能である。

※ 戸外での活動が通所介護計画に機能訓練の一環として位置付けられ、かつ、訓練が適切に行われているものであれば、通所介護のサービスの対象として差し支えないと考える。

例2 当該事業所の利用者を対象に、事業所外の温泉施設等に日帰りの小旅行を行う場合
↓
このような特別な行事等の場合は、介護保険外のサービスとされたい。（通所介護費の算定はできない）

○基準について第 3-6-3-（2）
「基準について」→ 指定居宅サービス等及び介護予防サービス等に関する基準について（平成 11 年 9 月 17 日老企第 25 号）

評価・今後の対応について
このような図ではなく、Kさんのようすも含めて書いてはどうでしょうか?
↓
Kさんは訪問介護のミサコさんによると、デイサービスに行くのが楽しい、散歩をするのが楽しいという人です。その意欲をさらに高めるために、ご自分で小さなノートなどを持っていただき、毎回、そこにご自分で数値を記入し、自分自身でできる見える化を図るなどしたほうがよいでしょう。

ケアプランでは 400ml となっていますが、通所介護計画では 500ml となっています。この違いはなぜでしょうか。

実施状況としてこう書かれているのに、P.34〜39 の記録には、バイタルと水分摂取、健脚教室参加への声かけ、入浴の見守りについて、ほとんど書かれていません。
モニタリングは 1 か月の経過記録があってこそ作られるものなので、これは問題です!

ケアプランと通所介護計画、どちらにもないとおかしいと気づきましょう。
（P.14〜17、23 参照）

実地指導に向けてのポイント 〜サービス提供の記録について〜

①日々のサービス提供の記録について
・サービス提供の記録は、介護計画に基づいて提供したサービスについて具体的に記載すること。これらの日々の記録が評価の資料となることが望ましいので、できれば目標等に対応して提供したサービス内容と、その結果まで記録できることが望ましい。
・単なる観察記録ではないので、利用者を観察した事項のみの記録では不十分。
・保険外サービス（特に通所事業所における宿泊サービス）と保険サービスが混在しないよう、分けて記載すること。
・算定根拠として介護計画に位置づけられたサービスを提供した時間を明示する必要がある。

②経過記録（関係機関との連絡等）について
・当日のサービス時間等の変更なども含め、関係機関（ケアマネ等）や家族等との連絡記録は漏れなく行うこと。
・ケアマネジャーにはサービス担当者会議記録を各事業所に提供する義務はないので、各事業所でサービス担当者会議の記録を残すことが望ましい。（ケアマネから提供された場合も、当該事業所に関連することについて正確に記載されていない場合もあるので注意し、不十分な場合等は当然修正依頼等、調整すること）

参考：平成 24 年度　杉並区介護保険サービス事業者集団指導資料より抜粋

多職種連携を記録にも（P.33 のミサコさんの記録でも少し触れましたが……）
さまざまなサービスを取り入れた「流れ」の中で、いろいろな職種がみんなでご利用者を支えていこうとする中で、「ここは、○○の△△のサービスを利用していただいたほうがよいのでは?」など組み合わせを関係者すべてが考えられるなど、本当の意味での連携をするために、記録をきちんと書いていきましょう。もちろん、ケアマネジャーの橋渡しや舵取りも必要です。

そこで

読者のみなさんならどう書きますか?　次はKさんを総合的にとらえた、ケアマネジャー・サユリさんの支援経過を見てみましょう!

Ⅲ-③ ケアマネジャーの「支援経過」（Kさんの）

P.23〜41を総合的に見ているケアマネジャー・サユリさんの、いわば「記録」です。

アキねこ先生： ケアマネジャー・サユリさんの記録を読んで、Kさんがいろいろなことを経て、ニーズの解決に向かっていることがわかりますね！

サユリさんは介護職経験者なのもあり、ご利用者がおっしゃったこと、考えたことなどが、記録からよく伝わっていきます。みんなでお手本にしたい書き方です。

Kさんのことをもっと考えて、それが連携する人やご家族にも伝わる、わかるものにしないといけませんね。

ケアマネジャー・サユリさん： アキコさんもリョウくんも、ほかのみんなもがんばったんです。記録の内容はまだまだだけど、みんなKさんのこと考えてましたから！

これらは、ケアマネジャーの「支援経過」ですが、ご利用者の表情までが想像できる、「支援経過」のお手本ともいえるものです。

多くのかかわりをトータルにマネジメントしており、月1回のモニタリング時はもちろんですが、それ以外にも「経過」がわかる、よい記録です。

年月日	方法	相手	内容	ケアマネージャーとしての判断・反応	プラン修正の必要性
H24.1.7 16:00〜	訪問	本人	介護保険更新中の書類作成の為に訪問する。ケアハウスのおせち料理がおいしかった話を伺う。お酒は飲まれましたかと聞くが、断られましたと言われる。日中の水分量はやはり少なめなのでもう少し飲んで、血液サラサラを目指して欲しいと伝えるが、「トイレにばかり行くようで…飲めません」と言われるが飲んで動いて日中にしっかり出せば夜間はぐっすり眠れますと伝える。また、正月の間ヘルパーさんが来なかったことについて話を伺う。「自分たちでも出来るようになってきた。モーニングケアのヘルパーは利用しなくても大丈夫」と聞き、このまま中止方向とする。	妻の方はしっかりとれており、夜間の排尿も一人で行けるようになってきた。洗濯も食事前に洗濯機を回し、食事後に仲良く干しておられる。生活のリズムも出来ているように見受ける。	
H24.1.16 10:30〜	連絡	本人	「1月18日（水）に一人で○○の受診に行ってきます。それで妻の事をお願いしたくて電話をしました。自分が一人で出掛けると妻がどうしようかと心配している。」と言われるので「奥さんにはデイサービスに来てもらいます。変えられる時間を見計らって、帰宅出来るよう手配しますよ」と伝える。「安心した。朝はいつもどおりに迎えに来てやってください」とお願いされる。	受診に関しても自信を持ち始められたように不安はあるが、本人の意欲を尊重する。 **Good！**	
H24.1.18	報告	本人	「無事行ってまいりました」と連絡があり、安心する。		
H24.1.21 16:30〜	訪問	本人	相談したいことがあると聞く、訪問する。ケアハウスの顔見知りの方の奥さんが○○特養に入られ、一人でかわいそうとの事。体調を崩され、静養のためなので心配いりませんと伝える。最近その方と本の話や絵を見せて頂いた話を聞き、知り合いが増えておられることを知る。本人もうれしそうに話される。デイサービスでも積極的に習字をやっておられる話を聞く。顔見知りの方は先生について行っているが、自分は自己流だが負けないと言われ、張り合いを持ってやっておられることを知る。ヘルパーとの掃除でトイレ掃除の手順を何回も書いておられる。自分でやって、出来ていないところをチェックしてもらっていると聞く。少しずつ出来るようにがんばってくださいと伝える。	*モニタリング実施 「ご利用者の"今"を知りたい」という優しさがうかがえて、よいですね！	

関連して訪問・通所事業所と医師との連携についての記録もしておかないと…

よい声かけですね！

実地指導のポイント： 医療サービスを居宅サービス計画に位置付けるにあたり、主治の医師等から直接意見を求めていない。

参照：省令38号第13条第18・19号、老企22号第二の3（7）⑱

III 介護記録を見直そう！──3・ケアマネジャーの「支援経過」

年月日	方法	相手	内容	ケアマネージャーとしての判断・反応	プラン修正の必要性
H24.2.1 16:40〜	訪問	本人・妻	2月の利用票を持参し、捺印を頂く。 居室の床暖が暑いので水分補給を促す。 「妻がリンゴをむいてくれた。」とうれしそうに話される。 妻が元気になる事で、他の人たちから褒められていると聞く。	妻にも意欲が出てきたことで本人もより意欲が高まっている。	
H24.2.20 10:30〜	訪問	本人・妻	3月の利用票を持参し、新しく届いた介護保険証の確認を行ないコピーさせてもらう。 要介護2から要介護1に変更になり、K様が元気になられた事の証明ですと伝える。 「皆さんのおかげです。ありがとう」と喜んで頂ける。 改めて担当者会議の調整を行なうことを伝える。	＊モニタリングを実施。	
11:45〜	連絡	嫁	介護保険の更新で要介護認定1の判定が下りたことを伝え、担当会議を行ないたい旨を伝える。家族がインフルエンザにかかっており、日程を3月にお願いしたいと言われるので、体調の回復を待ち、連絡をお願いする。 3/5（月）連絡あり、3月9日に担当者会議をお願いしたいと言われ、調整する。		
H24.3.9	担当者会議	本人・妻・嫁 デイ：○○ CW ヘルパー：○○	要介護更新申請で要介護2から要介護1になられる。 ケアハウスでの生活にも慣れて、他の方に気配りされる姿も見られるようになってきました。今後もK様の意欲を高めつつ生活して頂く為にサービスの検討を行なう。 本人から「自分が元気になる事と妻が元気になる事がケアハウスの皆さんに分かっていただいていると思う」「皆さんから乃木大将や水戸黄門様と呼ばれたりしている」とうれしそうに現在の自分を話される。 デイサービスでは習字や計算問題を中心にマッサージ・ほぐしに参加、後は入浴されていると聞く。水分摂取は確認できていないが200cc程度と聞く。 ヘルパーからは帰宅に関してはご夫婦で協力して行なっておられ、掃除の手伝いもされていると聞く。自立支援に向け、出来ることの継続から少しずつ自分たちで行なえるようサービスの調整を行なっていく事を話し合う。家族からはケアハウスで長く暮らせるようにこれからもよろしくお願いしたいと言われる。	担当者会議録 別紙参照。 デイサービスでの水分量を上げる事やヘルパーが入らない時のトイレ掃除をお願いしていく。 参照：省令38号第13条 第9・12・14号、 老企22号第二の3（7）⑨・⑫・⑭	

実地指導のポイント P.22参照。

- 利用者について、認定更新時や区分変更時、または利用サービスの変更時において、居宅サービス計画の作成のためのサービス担当者会議を開催していない（または開催した記録をしていない）。
- 利用サービスの内容変更にあたりサービス担当者会議を開催する際、会議参加が一部のサービス事業者のみであり、その他参加しなかった関係サービス事業者に対して照会等による意見を求めていない（または照会等の記録をしていない）。
- サービス担当者会議の開催を、居宅サービス計画の作成・交付後に行っている。

年月日	方法	相手	内容	ケアマネージャーとしての判断・反応	プラン修正の必要性
H24.3.29 16:40〜	訪問	本人・妻	ケアプランを持参し、説明を行ない署名・捺印をいただく。 これからも自分たちで生活できるよう頑張っていただきたいと思うことを伝える。 本人から「毎日体を鍛え、皆さんの手本となれるよう頑張りたい」と聞く。 ＊長男さんとのトラブルの相談を受ける。自分たちの通帳を取り上げている。 「自分たちで管理する事はだめだろうか…。妻にも欲しい物を買ってやりたいし、自由に使えるだけ年金があるはずだ」とも聞く。安心して生活するために預かっておられると思うので、よく話し合われてはどうかとだけ答える。	前向きな様子が伺える。 ＊モニタリングを実施。	
H24.3.31 16:00〜	訪問	本人・妻	4月の利用票を持参し、介護保険証の確認を行ない捺印を頂く。 4月の受診予定を伺う。4月25日（水）10：00〜とのこと。 妻はデイサービスに来てもらい、入浴やほぐし・体操で過ごしていただきましょうと伝え了解を得る。		
H24.4.17 16:00〜	訪問	本人・妻	○○病院受診の相談に伺う。 内科と泌尿器科の時間がずれており、いつもより遅く帰ってくることになると言われる。 デイサービスで食事をしてから帰宅するのはダメか伺うが、妻からは「ダメ」と聞く。 デイ終了後にケアハウス食堂で食事を先に取っていただくこととなる。 本人にデイサービスで健脚メニューの参加するとユーメが貯まる話をする。使う事が多く、困っていたと聞き、是非参加して欲しいと伝える。 「へぇ〜、歩いた距離数でもらえるなら、がんばってみましょうか」と乗り気になる。 明日、デイサービス利用時にどうしたらよいか聞いてみることとなる。	＊モニタリングを実施。 ユーメ（地域通貨）を稼ぐということで健脚メニューへの参加が促せた。今後、稼げますと言う言葉も本人の意思をかきたてる事になると思った。	
H24.5.1 16:30〜	訪問	本人・妻	5月の利用票を持参し、介護保険証の確認と捺印をいただく。 ポールウォーキングについて話が盛り上がる。毎回万歩計を付けて歩くのではっきり数字で出る事もうれしいと聞く。歩行当初は杖は使いたくないと言っておられたが、ポールを持って歩くと歩きやすい事がわかり、安心だとも聞く。 顔を見ると肌艶が良くなったように見受けますと言うと「かみさんばかり若返っては釣り合いが取れんから」とうれしそうに言われる。	外を歩くので、UVカットのサングラスを用意していただいた。白内障の悪化予防に使用したほうが良いと思うと納得される。	

極意

みんなでがんばった結果、Kさんの介護度が下がりました！
Kさんの夢にみんなで近づくことができた、ということです。

やったネ！

言い方の工夫がよいですね！

相手が何か言いたくなるコミュニケーションの工夫がよいですね！

極意

コミュニケーション相手の立場になって、何かを言いたくなるような投げかけをしているところをぜひ参考にしてください。
表面上の"会話術"によるのではなく、本当にKさんのことを思っているからこそ出てくる、心からの言葉なのでしょうね。

次のページに続きます

43

Ⅲ−④　施設介護の記録（入所…特養）

施設は、どうしても「終（つい）のすみか」と考えてしまう傾向がありますが、施設でこそ、「自立支援・在宅復帰を何とかできないか」「元気になっていただけないか」と考えたいところです。
ここで例示したJさんは、認知症の方ですが、温かい家族が「何とかしたい」と思っておられます。気持ちをくみ取り、介護者が「認知症だから……」と決して諦めない、そんな介護をしていきましょう。

アキねこ先生： ここからは、入所（施設）の記録について見ていきます。まずは、14〜17ページにならって、入所のご利用者Jさんのことを知り、介護の「**目的**」を押さえたいと思います。

ケアプランから、みなさんはどのようなことを読み取りますか？下の「Jさんはどんな方？」と照らし合わせてみましょう。しかし、ケアプランをよく見てみると……

Jさんはどんな方？

まずは、その人の「人となり」を理解しよう

アセスメントなどより
（フェイスシート＝個人台帳…人となり・人生も含め）

- Jさん98歳・男性
- 要介護度3
- 体が治ったら、家に帰りたい
- 閉じこもりがち
- 耳が聞こえにくい
- 転倒がしばしばある
- 過去に、右大腿骨頸部骨折
- 右肘関節炎もあり
- 車に乗せてもらって家族とどこかへ行くのが好き
- 認知症の症状あり（Ⅲa）　P.47参照。
- 外出は月に2回。離床時間は日に9時間程度
- 失禁が多少あり
- 視力はよい
- 高血圧症

●Jさんのケアプラン第1表

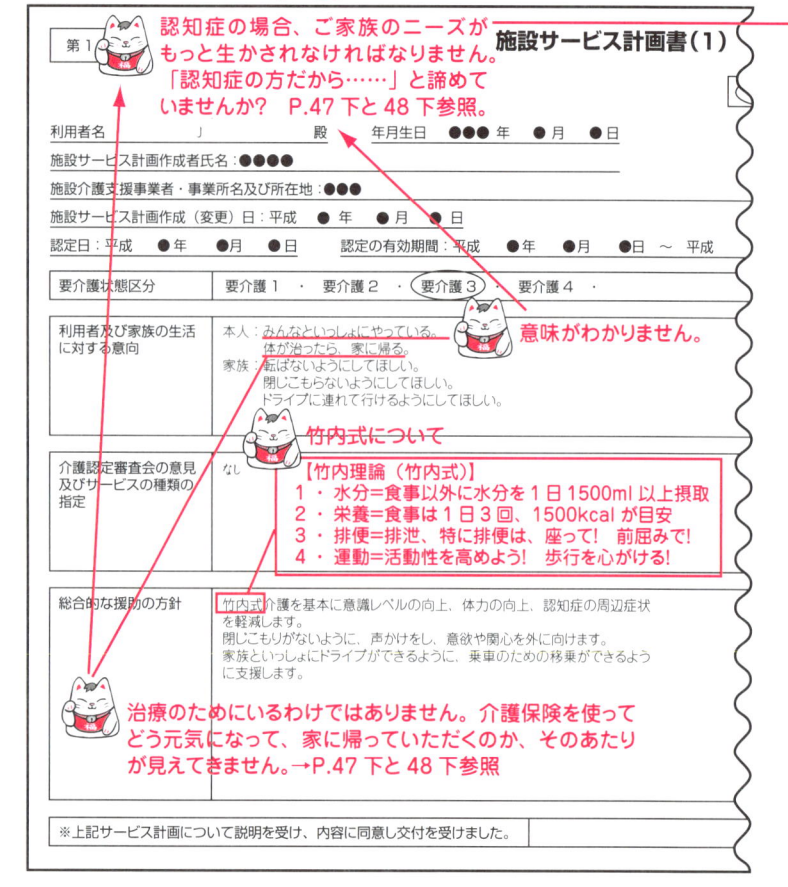

施設サービス計画書（1）

認知症の場合、ご家族のニーズがもっと生かされなければなりません。「認知症の方だから……」と諦めていませんか？　P.47下と48下参照。

利用者名	J　殿　年月日生日　●●●年　●月　●日
施設サービス計画作成者氏名：	●●●●
施設介護支援事業者・事業所名及び所在地：	●●●
施設サービス計画作成（変更）日：平成	●年　●月　●日
認定日：平成　●年　●月　●日	認定の有効期間：平成　●年　●月　●日〜平成
要介護状態区分	要介護1・要介護2・（要介護3）・要介護4・
利用者及び家族の生活に対する意向	本人：みんなといっしょにやっている。体が治ったら、家に帰る。家族：転ばないようにしてほしい。閉じこもらないようにしてほしい。ドライブに連れて行けるようにしてほしい。
介護認定審査会の意見及びサービスの種類の指定	なし
総合的な援助の方針	竹内式介護を基本に意識レベルの向上、体力の向上、認知症の周辺症状を軽減します。閉じこもりがないように、声かけをし、意欲や関心を外に向けます。家族といっしょにドライブができるように、乗車のための移乗ができるように支援します。

意味がわかりません。

竹内式について

【竹内理論（竹内式）】
1・水分＝食事以外に水分を1日1500ml以上摂取
2・栄養＝食事は1日3回、1500kcalが目安
3・排便＝排泄、特に排便は、座って！前屈みで！
4・運動＝活動性を高めよう！歩行を心がける！

治療のためにいるわけではありません。介護保険を使ってどう元気になって、家に帰っていただくのか、そのあたりが見えてきません。→P.47下と48下参照

※上記サービス計画について説明を受け、内容に同意し交付を受けました。

●Jさんのケアプラン第2表

施設サービス計画書（2）

作成年月日　H○年　○月　○日

利用者名　J　様

生活全般の解決すべき課題（ニーズ）	長期目標	（期間）	短期目標	（期間）	サービス内容	担当者	頻度	期間
美味しく食事をし、健康を維持したい。	適切な栄養管理により、健康を維持します。	H○.4.1から H○.9.30	安定した食事摂取量を保ち、十分な水分もとれるようになります。	H○.4.1から H○.6.30	栄養1500kカロリー／日 常食たんぱく質60g 水分1500ml／日 摂取できるように提供します。 起床時冷乳 200、朝食時茶 200、9時コーヒー等 200、10時ゼリー等 150、昼食時茶 200、16時こぶ茶等 150、夕食時茶 200、食卓の雰囲気づくりのお手伝いをします。	栄養士 調理師 ケアワーカー	毎日	H○.4.1から H○.6.30
口腔内を清潔に保ち、肺炎を防ぎたい。	口腔内を清潔に保ちます。	H○.4.1から H○.9.30	指導を受け、口腔ケア、マッサージができるようになります。	H○.4.1から H○.6.30	毎食後の口腔ケアの声かけ、指導、一部介助を行ないます。（自分でうがい、歯磨きをしていただき、不十分な部分を手伝います）。口腔体操に参加していただきます。口腔内の観察をします。	看護師 ケアワーカー	毎食後 昼食前	H○.4.1から H○.6.30
転ばないように移乗したい。	体力の維持・向上を図ります。転倒することなく、移乗・移動します。	H○.4.1から H○.9.30	立位をしっかりと保ちます。見守りを受けながら移乗動作ができます。	H○.4.1から H○.6.30	生活の中での動作を通じて、リハビリを目ざします（トイレ前等、近い距離は歩いてもらいます）。伝え歩きができるように、居室の環境設定を行ないます。体操に参加していただき、全身をしっかりと動かしていただきます。車椅子は自走していただきます。車椅子からベッドへの移乗時の見守り、一部介助を行ないます。マットセンサーを設置し、行動の把握を行ない、転倒を防ぎます。	機能訓練指導員 看護師 ケアワーカー	毎日	H○.4.1から H○.6.30

コメント：
- このままでは実施指導でチェックされる恐れがあります。
- ずれています。
- ニーズ欄の書き方が不十分です。ここをもっと広げましょう！
  ・転ばないように
  ・ドライブに行けるように
  ・閉じこもらないように
  を大切に！

これでは、一生ドライブに行けるようになりません！
この例のように、ケアプランそのものに問題があっても、現場の介護職がJさんをきちんとケアしていく中で、

モニタリング
↓
再アセスメント
↓
ケアプランの見直し

を目ざしていきましょう。

施設サービス計画書（2）

作成年月日　H○年　○月　○日

利用者名　J　様

生活全般の解決すべき課題（ニーズ）	長期目標	（期間）	短期目標	（期間）	サービス内容	担当者	頻度	期間
他者との交流を持ちたい。好きなことをしたい。	他者との交流を持てるようになります。好きなことをして過ごします。	H○.4.1から H○.9.30	会話や交流が持てます。好きなことができます。	H○.4.1から H○.6.30	声かけをし、フロアに誘導します。自分の思いはしっかりと伝えていただきます。猫（名前＝○○）とのかかわりを楽しみにできるように手伝います。表示やレクリエーションへの参加を促します（胡弓の会、花の会、書道の会、歌の会）。話したい人との場所作りに配慮します。家族の面会時は、家族との時間を大切にしていただけるように場所の提供などをします。	ケアワーカー 他利用者 ボランティア 家族 猫の○○	随時	H○.4.1から H○.6.30
役割を持ち、張り合いのある生活をしたい。	役割が持てます。	H○.4.1から H○.9.30	おしぼり巻きや洗濯物たたみをします。	H○.4.1から H○.6.30	できることをいっしょに見つけます。気づいたことを、声かけをしていただきます。積極的におしぼり巻きや洗濯物たたみをしていただきます。	本人 家族 ケアワーカー	随時	H○.4.1から H○.6.30

コメント：
- ケアプラン自体にも問題がありませんか？
- 左の第1表からは、つながりが読み取りにくいです。
- 閉じこもらないよう、自ら意欲を持つようにする。
- 生活の中に目標を持って過ごす。
- ドライブに行けるようになる。
- ドライブに行けるようになる。
- 車の乗り降りができるようになる。
- 日々、やりたいことを見つける。やりたいことを増やす。

生活全般の解決すべき課題（ニーズ）がいちばん大切でしたね！　しかし……
Jさんの具体的な介護の目的が見えてきたでしょうか？ 次のページへ

45

アキねこ先生：Jさんの経過記録を見ていきますよ。見直したニーズを忘れないように！

J様の経過記録

年/月/日	時　間	種　別	事　項	記録者
H24年4月1日	15:00	面会	娘様2人面会あり。	C
4月3日	11:00		○○の体操に参加	C
4月4日	07:15		起床時、両足にむくみあり。特に右足の方がむくみがひどい。	D
4月5日	00:00		13時、常にだるそうな表情をして意欲低下のようす。14時、娘様お二人の面会あり。おやつを食べられたそうでうれしそうにしておられる。	P
4月6日	15:00		おやつの甘酒を「おいしいわ」と言って飲まれる。	C
4月7日	11:00	リハビリ	○○の体操に参加される。	D
4月8日	15:30	面会	娘様の面会あり。館内を散歩される。	P
4月9日	11:00		○○の体操に参加される。周りのみなさまを見ながら、手足を動かされる。	C
4月10日	06:00		トイレに起きるために「わし、本当は家があるが、一人でここにいる」と言われる。多弁。	D
	07:00		朝食前、時々、呼吸されるとき、ヒュー音あり。日中、訴えなし。	
4月11日	13:00		フロアで過ごされるも、浮かない表情で過ごされる。	P
4月12日	10:00		日光浴を勧めるが、「腹痛いからダメ」と元気なし。	C
4月13日	13:30		娘様といっしょにお花見ドライブに出かけられる。	D
4月14日	10:30	面会	お孫さんの面会あり。少しお話していかれ、とても楽しそうにしておられる。	P
4月14日	11:00	リハビリ	○○体操に参加。最初はあくびをされたりしておられたが、声かけにてご自分のペースで参加される。	P

コメント：

- 面会時に、どのようなことをおっしゃっていたのかも、サービスに生かせるようにしましょう。
- 機能向上を目ざすものなのか、読んだ人すべてにわかるような書き方に！
- これに対して、どう対応し、だれに報告・連絡・相談をしたのかが見えません。
- ご家族と共にいたいご利用者の気持ちを大切にしていれば、意欲低下のままにしていてはいけません。
- こうなる理由を考えましょう！
- これに対して、何の対応もできていません。介護放棄とみなされます。
- どう対応したのでしょうか。
- どのような声かけに、どのように応じられたのか、わかりません。

極意：

家に帰りたいというJさんといっしょにドライブに行きたいという家族の希望をもっと大切にしましょう。そうすれば、このような記録にはなりません。それが本来の「ニーズ」なのです。

P.33の「実地指導に向けてのポイント」をよく見てください。照らし合わせると、これは介護記録とはいえないことがわかります。

少しでもご利用者に元気になってもらおうという介護職の基本的な心構えが見えません。

何時何分から何時何分、としましょう（この欄の以降は、すべて同様です）。

「家に帰りたい……」認知症だからとあきらめてはいけません。Jさんは認知症ですが、右ページの基本的なところから、もっと認知症の方の接し方を考えてみましょう。「寝たきり」と医療が判断しても、「がんばって家に帰りましょうね！」と心から励まして自立支援をするのが介護のプロの仕事です。

III 介護記録を見直そう！——4・施設介護の記録（入所…特養）

P.45のようなケアプランから始まったとしても、面会にやって来る娘様2人と接し、話をする中で、Jさんのことを知り、転ばないための機能訓練や体調管理、また「がんばってドライブに行きましょうね」「もっと出かけたいですよね」「今日は空がキレイです！」「少し庭に出てみましょうか」など、Jさんの自立支援に向けた声かけも見えてくることでしょう。

P.44の「竹内式」を取り入れているということであれば、その記録も必要です。もっと運動量を増やす、あるいは水分補給などについても触れましょう。

「ご利用者、ご家族に喜んでもらう視点を大切にしていかないといけない…」

認知症ケアについて

1・認知症は身近な病気です

2・認知症の種類（アルツハイマー型・脳血管性）
現在「認知症の周辺症状（粗暴、徘徊、異食など）」は、「ケアの方法で、軽減することができる」ということがかなりわかってきています。
「認知症だからしかたがない」とあきらめることなく、ケアを実践していきましょう。

3．認知症の症状とは？（中核症状・周辺症状）

周辺症状：妄想、睡眠障害、うつ状態、過食・異食、意欲の低下、弄便、せん妄、徘徊
中核症状：
・記憶障害
・見当識障害
・判断力の低下

4・周辺症状が現れる原因とは？
(1)「環境不適応」型
(2)「身体不調」型
(3)「周辺症状」型
　①葛藤型…異常な興奮・暴言・暴力等の症状が現れる状態
　②遊離型…無反応・無関心など、「心ここにあらず」の状態
　③回帰型…自分の「古き良き時代」に戻っている状態

→「いつ」「どこで」「どのような時に」症状が現れるのか、また、「その症状が現れないのは、どのような時か」を観察します。

認知症高齢者の日常生活自立度判定基準

ランク	判定基準
I	何らかの認知症を有するが、日常生活は家庭内及び社会的にほぼ自立している。
II	日常生活に支障を来すような症状・行動や意思疎通の困難さが多少見られても、誰かが注意していれば自立できる。
IIa	家庭外でIIの状態がみられる（買物や事務、金銭管理等、それまでできたことにミスが目立つ等）。
IIb	家庭内でもIIの状態がみられる（服薬管理ができない等）。
III	日常生活に支障を来すような症状・行動や意思疎通の困難さが見られ、介護を必要とする。
IIIa	日中を中心としてIIIの状態が見られる（着替え、排便・排尿が上手にできない、徘徊、火の不始末等）。
IIIb	夜間を中心としてIIIの状態が見られる。
IV	日常生活に支障を来すような症状・行動や意思疎通の困難さが頻繁に見られ、常に介護を必要とする。
V	著しい精神症状や問題行動あるいは重篤な身体疾患が見られ、専門医療を必要とする（せん妄、妄想、興奮、自傷・他害等の精神症状や精神症状に起因する問題行動が継続する状態等）。

出典：平成5年10月26日　老健第135号　厚生省老人保健福祉局長通知より

次のページに続きます

前のページの続きです

J様の経過記録

極意
ご利用者の変化に対して、何も対応しておらず、それを報告・連絡・相談したり、そのあとどうなったかなども書かれていないのは、"連携なし"と誤解を受けます。

連携
看護師との連携を！このようなことを放置していてはいけません。すぐ看護師に相談して、その後のことも、どうなったかが記録されないとダメです。

年/月/日	時間	種別	事項	記録者
4月15日	11:00		昼食後、横になられることなくフロアで過ごされる。	C
4月16日	13:00	面会	息子様夫婦、面会あり。	D
4月17日	11:00		体操に参加。市営住宅を見て「○○小学校か？」と聞かれ、説明すると頷かれる。	P
4月18日	11:00		センター横にあるベッドに休んでいる。一人で移乗したようす。また、「天気いいから家に帰りたい」などの帰宅願望が見られる。	C
4月19日	09:30	リハビリ	自ら口腔体操に行かれ、自走でフロアに戻って来られる。	D
4月20日	11:00		お孫様、ひ孫様の面会あり。とても楽しそうにお話される。	P
4月21日	10:00		CWが「猫、見に行こうか？」と声をかけると、「あまり好きではない」と言われる。	C
4月23日	11:30		○○体操後、自分で車椅子をこいで帰ってこられる。	P
4月24日	08:30		軟便多量。	C
4月25日	15:00		「トイレはあちらの方です」と言うと、懸命にこいで行かれました。	D
4月26日	10:00		「お願い～」と依存心強い。	P
4月27日	14:00	レク	入浴後、歌の会に参加されるが、あまり興味がないようす。	C
4月28日	10:00		ケアハウス横にお花を見に行かれる。「きれいだー」と笑顔たくさん見られ、施設の周りの風景にニコニコ顔でコメントしておられました。	D
4月29日	13:00		昼食後、すぐ居室へ向かい、横になりたいと言われる。	P
4月30日	00:00		元気なく、居室で休みがち。	C

コメント：
- 家に帰るためには……とご利用者の思いに寄り添い、「立って歩けるように体操をがんばりましょうね」など、いっしょにがんばろうとする姿勢や声かけを！
- 自立支援のようすが見られ、Goodです！
- トイレに行きたかったのですね。わかるように書きましょう。
- 「だからどうしたのか」が書かれていません。
- Good！
- ご利用者がどうすれば笑顔で元気に過ごされるか、常に考えましょう。
- 何も対応をしていないのでしょうか。対応したことを書きましょう。

認知症……　～J様の場合の声かけは、P.44ケアプラン第1表からJ様の言葉を参照しつつ～
「Jさん、みんなでいっしょにやっているって、何をしているのですか？」から「Jさん、今、何をしたいですか？　一番には？」と聞き出しましょう。
「体が治ったら家に帰る（J様）」→「体が治るって、どこか具合が悪いところがあるんですか？」と聞いてみる、など。
おそらくJ様は、自分が病気でここにいると思っておられます。それなら、「がんばって治そう！」と安心感を得られるような声かけをしつつ、「治ってきましたね」などと不安を取り除いてあげるとよいでしょう。医師や看護師、ケアマネジャー、その他の専門職とも話し合いをしつつとなりますが、ご利用者の思い、ご家族の思いをかなえたいという気持ちがあれば、当然の流れですね。

III 介護記録を見直そう！——4・施設介護の記録（入所…特養）

【参考】虐待とは

●「虐待」とは、身体的な虐待だけを指すのではありません。J様の例のようなケアでは「虐待」とみなされることもあるのです。

種類	内容	例
身体的虐待	相手の体に怪我をさせること。怪我をする恐れのある暴力を加えること。（身体拘束はここに含まれる。）	・叩く ・蹴る ・無理やり食事を口に入れる ・意図的に過剰に服薬させる
心理的虐待	著しい暴言や拒絶的な対応など、相手に心理的外傷を与える行動を行なうこと。	・怒鳴る ・ののしる ・嘲笑する ・子供のように扱う ・意図的に無視する
性的虐待	わいせつな行為をすること。わいせつな行為をさせること。	・キスする、させる ・性器への接触 ・意図的にプライバシーを守らずに排泄等の援助をする
経済的虐待	財産を不当に処分すること。不当に財産上の利益を得ること。	・日常生活に必要なお金を渡さない、使わせない ・財産を無断で処分する ・年金や預貯金を本人の意思・利益に反して使用する
介護や世話の放棄・放任	衰弱させるような著しい減食、長時間の放置、他者の虐待行為を知っていながら放置するなど、介護や世話を著しく怠ること。	・左記「内容」の通り

●虐待防止に関する法律
「高齢者の虐待防止、高齢者の擁護者に対する支援等に関する法律」―2006.4.1施行―（通称「高齢者虐待防止法」）において、高齢者を介護・世話する人（養護者）だけでなく、老人福祉法・介護保険法での介護サービス全てを対象に、サービス提供時の高齢者虐待の防止と虐待発見時の通報の義務が規定されている。

●スタッフによる虐待を防止するための取り組み
（1）虐待についての意識の徹底
・年1回「虐待防止（身体拘束の廃止を含む）」をテーマにした営業所内ミーティング（研修）を実施する。
・日々のOJTの中で虐待防止の理念を伝えていく。
（2）虐待を防止するための個別ケアの徹底
・介護計画を立案し、それに基づいたケアを行うことで、個別ケアを実施する。
（3）苦情受付窓口と苦情対応の徹底
・各地域事業会社ごとに苦情相談窓口を設置し、○○施設の運営方針に従い、常に優先的に対応する。
（4）ご家族や地域に開かれた形でのサービス提供の実施
・ご家族や地域の関係機関との連携を密にとる。
・特に施設系では地域の方々との関係を持ちながら、運営を行う。

●虐待の早期発見について
　お客様に虐待の兆候を見つけた場合（疑いも含め）には見逃さず、事実確認を行い、お客様の安全・安心な生活を確保する必要がある。そのため、

（1）スタッフへの虐待の早期発見についての指導
・『高齢者への虐待発見チェックリスト』の理解。
・発見時は速やかに、Mgr.へ報告することの徹底。
（2）発見された場合は、行政機関への速やかな通報・報告。
（3）行政調査への協力を行う。

高齢者への虐待のサイン・気づきチェック項目

●身体的暴力による虐待のサイン
☐ 身体に小さなキズが頻繁に見られる。
☐ 大腿の内側や上腕部の内側、背中等にキズやミミズ腫れが見られる。
☐ 回復状態が様々な段階のキズ、あざ等がある。
☐ 頭、顔、頭皮等にキズがある。
☐ 手のひら、背中等に火傷や火傷跡がある。
☐ 急に怯えたり、恐ろしがったりする。
☐ 特定の職員を怖がる。
☐ キズやあざの説明のつじつまが合わない。
☐ スタッフに話すことや援助を受けることに躊躇する。
☐ スタッフに話す内容が変化し、つじつまが合わない。
☐ 身体に縛られた跡や拘束された跡がある。

●心理的障害を与える虐待のサイン
☐ かきむしり、噛み付き、ゆすり等が見られる。
☐ 不規則な睡眠（悪夢、眠ることへの恐怖、過度の睡眠等）を訴える。
☐ 身体を萎縮される。
☐ おびえる、わめく、なく、叫ぶ等の症状が見られる。
☐ 自傷行為が見られる。
☐ 体重が不自然に増えたり、減ったりする。
☐ 無力感、あきらめ、投げやりな様子になる。

●性的暴力による虐待のサイン
☐ 不自然な歩行や座位を保つことが困難になる。
☐ 肛門や性器からの出血やキズが見られる。
☐ 生殖器の痛み、かゆみを訴える。
☐ 急に怯えたり、恐ろしがったりする。
☐ 人目を避けるようになり、多くの時間を一人で過ごすことが増える。
☐ 主治医や保健、福祉の担当者に話すことや援助を受けることに躊躇する。
☐ 主治医や保健、福祉の担当者に話す内容が変化し、つじつまが合わない。
☐ 理由もなく、入浴や排泄等の介助を突然拒む。
☐ 性病にかかっている。
☐ 睡眠障害がある。

●経済的虐待のサイン
☐ 年金や財産収入等があることは明白なのにもかかわらず、お金がないと訴える。
☐ 自由に使えるお金がないと訴える。
☐ 経済的に困っていないのに、利用負担のあるサービスを利用したがらない。
☐ お金があるのにサービスの利用料や生活費の支払いが出来ない。
☐ 資産の保有状況と衣食住等生活状況との落差が激しくなる。
☐ 預貯金が知らないうちに引き出された、通帳が盗まれたと訴える。

●介護等日常生活上の世話の放棄、拒否、怠慢による虐待のサイン
☐ 居住部屋、住居が極めて非衛生的になっている、また異臭をはなっている。
☐ 部屋に衣類やおむつ等が散乱している。
☐ 寝具や衣類がよごれたままの場合が多くなる。
☐ 汚れたままの下着を身につけるようになる。
☐ かなりの褥瘡ができてきている。
☐ 身体からかなりの悪臭がするようになってきている。
☐ 適度な食事を準備されていない。
☐ 不自然に空腹を訴える場面が増えてきている。
☐ 栄養失調、脱水症状、体重減少がある。
☐ 排泄物の処理がされていない。
☐ 疾患の症状が明白にもかかわらず、医師の診断を受けていない。

●地域からのサイン・その他のサイン
☐ 高齢者本人や介護者・家族の怒り声や悲鳴、物が投げられる音が聞こえるとご近所から言われる。
☐ 昼間でも雨戸が閉まっている。
☐ 配食サービス等の食事がとられていない。
☐ 薬や届けた物が放置されている。
☐ 通常の生活行動に不自然な変化が見られる。
☐ 表情や反応がない。
☐ ものごとや自分の周囲に関して、極度に無関心になる。
☐ 睡眠障害がみられる。

次のページに続きます

49

前のページの続きです

J様の経過記録

極意
「多弁」と書いてしまうのは、介護のプロとして"ご利用者を見下ろした言葉"と誤解を受けるという意識を持ちましょう。

年/月/日	時間	種別	事項	記録者
5月1日	09:50		「わしの知り合いが入院したんだけど、どこの病院かね?」などと言いながら、センターまで自走される。	D
5月2日	05:00		居室より住居用ワイパーを持って「わしのトイレどこ?」と言って出てこられる。その後も、フロアで多弁。○様と談笑される。	P
5月2日	19:00		21時頃まで落ち着きなくセンターや元気棟を自走される。3往復してようやく居室にて休まれる。その後は、朝まで良眠される。	C
5月3日	11:00		朝食後も食堂で静かに過ごされる。トイレでも排便あり、スッキリされたようす。	D
5月4日	06:00		夕食後のトイレ時、右脇腹の痛みの訴えあるも、夜間は一度も訴えなし。	P
5月4日	11:00		体操の声かけするも、「ここ(右脇腹)痛いから寝させて」と言われる。	C
5月4日	16:00	面会	11時…ご家族様7名の面会。 15時…ご家族様3名の面会。	C
5月5日	06:00	夜間のようす	ベッドやPトイレに座る際、時々、右脇腹の痛みの訴えあり。	D
5月6日	00:00	疼痛	トイレ誘導の度に右脇腹の痛みを訴えておられる。	P
5月6日	10:00	面会	お孫様夫婦、面会あり。	C
5月7日	09:50	体調	「おなかが痛いから連れて行って」と訴えあり。水分勧めるが、二口で拒否。居室へ。	D

足しげく面会にやって来られるご家族のためにも、もっとご利用者のようすを伝えるなどコミュニケーションをがんばりましょう。

次のページの「夜間巡回手順」の例を見て、改善しましょう。

放置したのでしょうか。

J様の気持ちになっていますか?

声かけの仕方はどうでしたか?

「家に帰りたい……」J様とそのご家族のために

ケアプランの短期目標に「一時帰宅」を入れて、ご家族が「一時帰宅」で困らない自立支援を目標に「いっしょにがんばりましょう!」と努力していくのが介護です。この記録からは、認知症→どうしようもない・帰れるわけがない→終のすみかなのだから……→というあきらめの気持ちしか伝わってきません。介護保険を活用してJ様を介護するからには、認知症が少しでも進まないようにしつつ、改善できると信じて取り組むことが大切です。

【参考】夜間巡回手順

1・目的
介護施設○○園におけるご利用者の夜間の状況、入眠状態を観察し、ご利用者の安眠、安全を確保することを目的とする。

2・責任
夜間巡回に関する責任は以下の者が負う。
・特別養護老人ホーム：ケアワーカー
・老人保健施設：ケアワーカー、看護師

3・手順とフローチャート ↗

→ 4・特記事項
●当日排泄介助
（特別養護老人ホーム）21：30頃
（老人保健施設）21：00頃

●異常時の対応
（状態に異常が発見された場合）
・（特養）
ケアワーカー（夜勤E）に連絡をとり、ケアワーカー（夜勤E）は応急処置をする。ケアワーカー（夜勤E）は必要な場合、施設長に連絡する。その後は、緊急時対応手順に準ずる。
・（老健）
ケアワーカーは看護師に連絡をとり、看護師と共に応急処置をする。その後は、緊急時対応手順に準ずる。
（居室にご利用者がみあたらない場合）
・まず施設内、施設外（敷地内）を探索する。
・（特養）
それでもいない場合、ケアワーカー（夜勤E）が施設長に連絡をとり、必要な場合非常召集をかける。
・（老健）
それでもいない場合、ケアワーカー（夜勤リーダー）が当直相談員へ連絡をとり、非常召集をかける。

工程	担当者	手順	備考（参照文書、記録等）
巡回開始	（特養）ケアワーカー （老健）ケアワーカー看護師	・当日最終排泄介助が終わって、下記時間帯を目安に巡回を実施する。（計6回） 1回目：22：00（老健のみ） 2回目：23：00 3回目：00：00 4回目：01：00 5回目：02：00 6回目：03：00 7回目：04：00	排泄介助手順
巡視	（特養）ケアワーカー （老健）ケアワーカー 看護師	・懐中電灯を持ち、睡眠の妨げにならないよう、足音を立てないように注意して居室に入る。 ・巡回はフロア別に実施する。	
観察	（特養）ケアワーカー （老健）ケアワーカー 看護師	・巡回時のチェック内容。 →ご利用者の入眠状態。 →日勤帯より申し送られた熱発者、体調不良者の確認。 ・体位変換を必要とするご利用者に対しては体位変換を行う。 ・最終排泄介助時に排泄のなかったご利用者に対しては、1回目の巡回時に排泄の有無を確認し、必要であれば排泄介助する。	体位変換手順
異常時の対応	（特養）ケアワーカー （老健）ケアワーカー 看護師	・状態に異常が発見された場合、居室にご利用者が見当たらない場合、それぞれに応じた対応を実施。特記事項参照。 ・いずれの場合も必要に応じ、ご家族に連絡をとる。	
記録	（特養）ケアワーカー （老健）ケアワーカー／看護師	・熱発者、特記事項者は、異常がない場合、夜間日誌、ケースに異常がない事を記入する。 ・異常があった場合、夜間日誌、ケースに状況、経過を記入する。	

次のページに続きます

前のページの続きです

J様の経過記録

年/月/日	時間	種別	事項	記録者
5月8日	15:00	日中のようす	昼寝から起きてからは、ボーッとしながらも、飲んだり食べたりされる。	P
5月9日	10:00		書道の会に参加。	C
5月10日	11:00		朝方から「うい（おなかが痛い）」と訴えられる。体操に誘うも断られる。	D
5月11日	11:00		体操へ誘うと「いや～」と断られる。	P
5月12日	14:00		息子様の面会あり。	C
5月13日	10:20	排泄	下痢便多量あり。下衣更衣行なう。何度も「ごめんね」と申し訳なさそうに謝られる。カーネーションを見て「きれいな花だね」と何度も言われる。	D
5月14日	10:00	精神状態	帰宅願望強く、落ち着かないため、外まで散歩。田んぼの時季で忙しいとなんとなく理解されるも、「娘に電話してほしい」と何度も訴える。	P
5月15日	06:00		夜間トイレ1回のみで朝まで良眠。	C
5月15日	11:00		○○の体操に参加。	D
5月17日	14:00		大正琴に参加。	P
5月18日	09:30		「買い物に行く」と車椅子自走し、センターまで行く。しばらくして、知恵の輪に戻る。	C
5月19日	07:00	朝のようす	暖かい場所を求め、知らない間に車椅子から窓際の椅子へ移っておられる。	D
5月20日	11:00		○○体操に参加される。	P
5月20日	15:00		娘様の面会あり。「また来て」と声をかけておられた。	C

その言葉に対しての声かけはないのでしょうか？

「どうなさいましたか？」などの声かけもないのでしょうか？

報・連・相
報告がなく看護師・医師への報告・連絡・相談もありません。していたとしても、記録がなければしていなかったことになります。

ご利用者に気をつかわせているのかもしれません。確認を！

極意
「自立支援」は？
なぜ、立位保持や歩行に向けての機能訓練に関する記録がないのでしょうか？

↓

なぜ、車椅子が常態化しているのでしょうか？

↓

きちんと記録に自立支援への「経過」が見えるようにしましょう。

J様が歩けるようになるためのプログラムは？

車椅子があたりまえにならないようにしなければなりません。

III 介護記録を見直そう！——4・施設介護の記録（入所…特養）

J様とご家族＝「家に帰りたい！」
「そのためにはどうすれば？」を考えましょう。
車椅子→歩行器→四点杖→杖→杖も使わずに歩行……と状況が改善していけるようなリハビリを取り入れるなどが必要です。記録からは、車椅子があたりまえの生活にしか見えません。
体操は集団で行なうレクリエーションで、個別機能訓練だとはこの記録からは読み取れません。

自分のご家族がこのような介護をされている、と考えてみたら、どうでしょうか。
例えば、自分が娘様の立場だったら、少しでも「今よりも良くなって欲しい」と日々思うのではないでしょうか。
「母の思いをかなえてくれない施設なんだ……」。そうご家族が思われたら、だんだんとあきらめムードになっていってしまいます。
しかし、この娘様は「母が寂しい思いをしないように」「どうにか母のために」という気持ちから、面会に来られているのだと思われます。
せめて、「母は施設に入ったけど、一時外泊もできて、ドライブにも連れていってあげることもできた。あの施設に入って、本当によかったね」と、思っていただけるような記録が書けるよう、がんばりましょう。

「すごい！ これからもできますね！」などと自分のことのように喜びながら声かけをしてみましょう。自立につながることを、J様みずからの意思でされたのです。素晴らしいことです。

これまでの記録の内容も同様ですが、面会の際のご家族とのコミュニケーションのようすが見えてきません。

※すべてにわたって、介護職や他職種の言動・対応・連携がほとんどわかりません！

次のページに続きます

J様の記録のまとめとして

最後にJ様のモニタリング表（評価表）を見ておきましょう。

4月　モニタリング表（評価表）

氏名　J様　　　　　　　　　　　　　　　　　　　　作成日：平成○○年5月9日

	プランの実践状況		目標達成状況	満足度	プラン変更の必要性
栄養マネジメント	水分量：1100ml	栄養量：10・8・10	・改善している ・(維持している) ・低下している	・(満足) ・不満 ・不明	・(継続) ・見直し＜課題＞
	ほとんど摂取されるが、固いものなどはかんで、吐き出されることがあった。 【口腔ケアのみでなく、口腔内の状況を確認しなければなりません。そして、歯科医受診をして、記録をしておかないといけません。】				
機能回復訓練	歩行：○	体操：○	・改善している ・維持している ・(低下している)	・(満足) ・不満 ・不明	・(継続) ・見直し＜課題＞
	立位保持：○	座位保持：○			
	体操に参加している。周りのようすをうかがいながら、ご自分のペースで参加される。体操後、疲れからなのか、足こぎが続かない。その都度、声かけが必要。【このことに関する記録がありません。】				
口腔維持	口腔ケア：○	口腔体操：○	・改善している ・(維持している) ・低下している	・(満足) ・不満 ・不明	・(継続) ・見直し＜課題＞
	声かけにて、ご自分で歯ブラシを持っていただき、磨いてもらっている。【上の栄養マネジメントの欄に書いてあることとの関連の記載もあるはずです。】【記録がありません。】				
社会・交流	役割：○	外出：○	・改善している ・(維持している) ・低下している	・(満足) ・不満 ・不明	・(継続) ・見直し＜課題＞
	レクリエーション・行事参加：○				
	声かけにて、行事に参加される。 4/13、娘様といっしょにお花見ドライブに出かけられる。				
	【このことがきちんと書かれた記録がありません（P.44～53）。】		・改善している ・維持している ・低下している	・満足 ・不満 ・不明	・継続 ・見直し＜課題＞

相談員	看護師	栄養士	リーダー	機能訓練指導員	本人・家族	担当者・ケアマネ

III 介護記録を見直そう！——4・施設介護の記録（入所…特養）

ここに書かれてあることが、全く記録にないというのは、あってはならないことです。
日々の記録を根拠に、モニタリングを書きましょう。

→ 記録を見ると……
- 「食事の状況」「口腔ケア」についての記録がほとんどありません。
- 「歩行」されていたところが一行もありません。
- 「立位保持」されていたところが一行もありません。
- 「足こぎ」されていたところが一行もありません。

P.44～45 からの見直しは？
ケアプランがあったとしても、実際にJ様に接し、そのご家族にも何度も会っている介護者なら、抱えておられる問題点に気づき、改善をしていかないとダメなことがわかるはずです。

↓

モニタリングが"改善されたこと""改善されなければならないこと"が見えません。

↓

再アセスメントにつながりません。

↓

J様の今後がどうなっていくか、見えません。

→ ほとんどのところで「維持」「満足」「継続」とありますが、記録からは、このままだとJ様の状況がどんどん「自立支援」から遠ざかりそうです。
もっと記録にきちんと残す必要があります。
そして、もっと認知症のご利用者とのコミュニケーションの取り方について、職員全体で取り組むことが欠かせません。
"施設で過ごした日記"の記録ではなく、「こんなことができるようになった！」という記録を通しての自立支援の向上を考えましょう。

実地指導に向けてのポイント ～サービス提供の記録について～

①日々のサービス提供の記録について
- サービス提供の記録は、介護計画に基づいて提供したサービスについて具体的に記載すること。これらの日々の記録が評価の資料となることが望ましいので、できれば目標等に対応して提供したサービス内容と、その結果まで記録できることが望ましい。
- 単なる観察記録ではないので、利用者を観察した事項のみの記録では不十分。
- 保険外サービス（特に通所事業所における宿泊サービス）と保険サービスが混在しないよう、分けて記載すること。
- 算定根拠として介護計画に位置づけられたサービスを提供した時間を明示する必要がある。

②経過記録（関係機関との連絡等）について
- 当日のサービス時間等の変更なども含め、関係機関（ケアマネ等）や家族等との連絡記録は漏れなく行うこと。
- ケアマネジャーにはサービス担当者会議記録を各事業所に提供する義務はないので、各事業所でサービス担当者会議の記録を残すことが望ましい。（ケアマネから提供された場合も、当該事業所に関連することについて正確に記載されていない場合もあるので注意し、不十分な場合等は当然修正依頼等、調整すること）

参考：平成24年度　杉並区介護保険サービス事業者集団指導資料より抜粋

III章のまとめ

"施設介護"において、ご利用者の介護度が上がることがあたりまえになり、下がることを関係者全員の喜びと解さず、目的を失った介護は少なくありません。また、更衣をしないことや、日中に寝て過ごしているということなど、基本的な"ご利用者を元気にするための"介護を忘れ、放置していると誤解を受けるかもしれない、と知らない介護者もいます。

自立というのは、私たちが人として当たり前にしている生活が元通りできるようになることが第一歩。つまり、ADL（日常生活動作）向上から始まります。最低限度、排泄や食事、入浴、更衣といったことが自分の力でできるようになることから目ざしていきましょう。そして、歩行では少しずつ距離を伸ばしていき、IADL（手段的日常生活動作）といわれる日常生活の複雑な動作が少しでもできるように目ざしていきましょう。

常にご利用者にとっての目ざす方向をケアプランなどで再確認し、ご利用者とご家族の「ニーズ」をとらえ、たくさんの笑顔を増やす介護について職員全員で話し合うことが大切です。この精神を忘れずに取り組めば、おのずと介護記録は書けるようになります。

Ⅳ 介護記録を書くポイントとそのチェック

アキねこ先生

本書Ⅱ章で述べましたが、いちばん大切なのは、ご利用者様のこうありたいという思い＝ケアプラン第2表の「生活全般の解決すべき課題（＝ニーズ）」をとらえた介護です。そこに、「ご利用者様とともに近づこう」という自立支援へのポジティブさと、「自分ならこうされたい」という「I」（私という意味と愛という意味）があれば、多少の誤字脱字や文章が不得手でも、まったく問題ないはずです。とはいえ、最低限押さえておくべきことがあります。既刊本でも繰り返し述べてきたことですが、ここにまとめます。また、事業所や施設のみんなで各々の記録の読み合わせチェックをするための「介護記録・不備項目チェック確認表」をP.58～61に掲載しました。

介護記録を書くポイント

介護記録を書く際は、いつ（When）、どこで（Where）、誰が…ご利用者が（Who）、何を（What）、なぜ（Why）、どうしたか（How）、を書式はさまざまだと思いますが、明確に記載することが大切です。

下の**1** **2**の部分は書式の上や左などに記載されているのが通常だと思いますので、これから介護記録の改訂を検討されておられる施設の皆さんは、**3** **4** **5** **6**に気づきを含めて書き、それに備考欄（特に気をつけたいこと　など）を記載するようにすれば、初めて介護記録を書かれる職員の皆さんや介護記録を読まれる方も情報共有しやすいと思います（**7**の記載者名も忘れずに！）。

ここでは、**1**誰が…ご利用者が（Who）、**2**いつ（When）、**3**どこで（Where）、**4**何を（What）、**5**なぜ（Why）、**6**どうしたか（How）、をより具体的に介護記録を書くポイントを書きますので、今後、皆さんが書かれる際や他の職員の方へ伝えられる際にご活用ください。

（下で例としている記録は、あくまで例であって、よい見本ということではありません）

1 入所サービス記録
ご利用者名　〇〇　〇〇

月/日	介護の記録（気づきも含めて）	備考	記録者
6/24夜	排便なしのため、看護師に報告。その指示により夕食後に内服薬ラキソベロン（便秘薬）1錠追加。夕食後も落ち着き無く徘徊された為、職員がつきそい対応する。21時20分就寝薬を内服10分後うとうとされていた為、ベッドに寝ていただく介助をする。朝までぐっすり眠られる。		A
6/25	排便なしのため再度、看護師に報告。その指示に従い13時にレシカルボン坐薬を使用する。その後、多量に排便あり。夕食後ラキソベロン（便秘薬）1錠追加する。		B
6/25夜	夕食後に「うちに帰るよ」と言われる。徘徊あり。看護師に指示をあおぎ、21時就寝薬を内服され、22時に椅子の上にてうとうとされたのでベッドに寝ていただいたところ4時まで眠られる。4時以後、しきりに起きられる。喉が乾いた、おなかが空いたと訴えあり。その後、また少し眠られる。朝食は主食6割、副食8割、水分200ml摂取。おなかがいっぱいと残される。		C
6/26	夕食後ラキソベロン（便秘薬）1錠服用。午後から帰りたいとしきりに訴えあり。時々、のどの渇きを訴える。少しずつ水分摂取促す。		D
6/26	夕食後、帰宅願望あり何度も徘徊されるため一緒に行動する。21時にテンション上がる。21時30分就寝薬内服される。21時45分からうとうとされたので、ベッドに寝ていただく介助をする。0時、1時、4時にトイレ・のどの渇きの訴えあり。2時20分から4時まで10分毎に起きられる。4時20分から5時まで眠られる。5時にトイレ訴え後に横になられる。5時から6時まで眠られる。起床後にトイレの訴え何度もあり。		E
6/27	落ち着き無く「どうしよう」「トイレ」を繰り返し訴える。夕食後、ラキソベロン（便秘薬）1錠内服される。		
6/27夜	ラキソベロン（便秘薬）1錠服用するが排便なし。夕食後より「食べたくない」「帰して」と言われる。顔面紅潮でふらつきあり。20時15分就寝薬内服する。20時40分うとうとし始めたためベッドに寝ていただく介助をするとそのまま眠られる。朝まで眠られる。		D / Ⓕ

56

※姉妹本 『介護福祉士・伊藤亜記の介護現場の「ねこの手」シリーズ① 改訂版 添削式・介護記録の書き方 〜在宅・通所・入所〜』
『介護福祉士・伊藤亜記の介護現場の「ねこの手」シリーズ② 添削式介護記録の見方・書き方』
(共にひかりのくに・刊)に、その他の詳しい解説があります。

1 ご利用者の名前は必ず正しく記載する

ご利用者の名前は、必ず正しく記載してください。間違った名前を記載すると、医師や看護師の皆さんが処置等を間違えた場合に、ご利用者の命にかかわる場合もありますので、十分に気をつけてください。プライバシー保護法の観点からアルファベット表示をされる場合もありますが、施設内の誰もが理解しやすい表示方法にしましょう。

2 日付と時間を明記する

1/1のように日付は書き、0時10分、23時50分などと書くことにより、ご利用者の24時間のごようすが見えやすくなります。

3 場所を具体的に書く

場所は居室の場合には、居室のどこの場所なのか?を具体的に書いてください。ただ居室と書くだけでは、広い意味の言葉で具体性がありません。居室のどこなのかを具体的に書くことで、具体性が増し、誰が読んでも場所が特定しやすくなります。

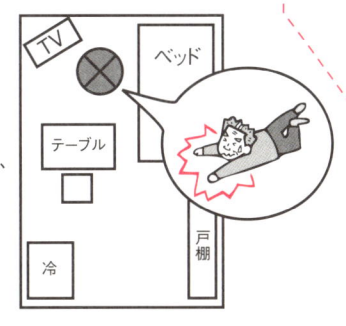

4 ご利用者が行動の中で言われた言葉や触れた物を入れる

ご利用者が行動の中で言われた言葉や物を書きます。例えば「机をたたいた」なら、「机」が物にあたり、「どうしよう」や「トイレ」は言葉となります。

5 ご利用者の「なぜ?」を入れる

ご利用者が会話ができる場合は「なぜこのような行動をするのか?」を率直に聞いてください。会話ができない場合は、文中の「なぜ?」の代わりに、備考(気づき)の部分に、例えば「眉にシワを寄せていた」等の具体的な表情を記載しましょう。

6 ご利用者が行なった行動への対応を入れて記載する

「どのように対応したか?」を文中に入れて記載します。介護記録をもとにこの視点でカンファレンスを行なえば「ご利用者の具体的な生活目標」も見いだしやすくなりますので、ぜひ、やってみましょう。

7 記載者名は必ず入れる

どこからどこまでを誰が担当していたのかをはっきりさせることで、自覚と責任感も出てきます。介護をされた「証」としても、記載者名は記入しましょう。

8 そのほかの見るべきポイント

○表情
○コミュニケーション状況(発語)
○排泄状況(自発・声かけに対する反応)
○睡眠状況
○投薬との関係
○自我形成状況(自己主張状況)
○行動目的の明確さ
○ADL状況　など

前のページの続きです

介護記録・不備項目チェック確認表（記入する際の注意点）

事業所や施設内で、みんなの記録をみんなでチェックして、よりよいケアを目ざしましょう！
この不備のチェックの目安を読み、P.60～61のグループ集計表を活用ください。

介護記録・不備項目チェック確認表

氏名　　　　　　　　　　　　　　作成日：平成　　　年　　　月　　　日（　）

	不備項目　（例…日付と時間が未記入）
基本チェック項目	①ご利用者の名前が記載されていない。
	②日付や時間が記載されていない
	③何処の場所で起こった事なのか記載されていない。
	④ご利用者が行動の中で言われた言葉や触れた物について書かれていない。
	⑤ご利用者がされた行動に対し「なぜ、そのような行動をされるのか？」を聞けていない。または、会話ができない場合には、その際の表情等が記載されていない。
	⑥ご利用者がされた行動に対し、対処した内容が記載されていない。
	⑦記載者名が書かれていない。
総合チェック項目	①5W1H（いつ？どこで？誰が？何を？どうした？）の基本がなく、前後の記録に付随したことも記載せずに、文章が省略されている。
	②ケアの根拠が書かれていない。
	③具体的な内容が書かれていない。
	④過去形にする一場面の出来事で記載しておらず、時間の流れ（日中・夜間等）で記録が書かれていない。
	⑤誤字脱字のない、誰が見てもわかる文章になっていない。
※その他の項目	①
	②
	③

IV 介護記録を書くポイントとそのチェック

不備とカウントするかどうかの目安・注意点

- ①フルネームでなければカウント
- ②日付・時間のどちらか一方がなければカウント
- ③居室、浴室などスペースのみでなく、具体的な場所の記載（ベッド上）などでなければカウント
- ④言葉を省略している場合もカウント。両方の場合でもカウント
- ⑤理由、表情のどちらか一方がなければカウント

- ⑥個室（ベッド）に誘導などの具体的な記述がなければカウント
- ⑦同姓の職員がいる職場なら、フルネームでの記入がなければカウント
- ①5W1Hのいずれかがなければカウント。付随した記載がない場合もカウント。両方の場合は1カウント
- ②カウント
- ③カウント
- ④時間の記載は○時○分まで記入がなければカウント、時間帯による記載なしは1時間1カウント、両方の場合はカウント
- ⑤1回（1名）の記録ごとにあればその度にカウント

基本・総合の例にならってカウント

※の「その他の項目」について

自立支援のためのポジティブな書き方になっているかどうか、つまり本書Ⅱ（P.14〜23）で繰り返し述べたように、ご利用者がこうありたいという思い（ニーズ）に添って介護ケアができているか、そこに目ざしていけるように、かかわるみんなの連携で、がんばる夢かなえノートになっているかどうか、このことをみんなでチェックして、思いをひとつにして、がんばりましょう！　この、その他の項目には読者の皆さんの「工夫」にお任せして、空欄とします。

前のページの続きです

介護記録・不備項目チェック確認表（グループ集計用）

P.58〜59 を見て、（不備とカウントするかどうかの目安・注意点に添って）みんなで、みんなの介護記録を読み合わせ、よりよいケアを目ざしましょう。

介護記録・不備項目チェック確認表

氏名　　　　　　　　　　　　　　　　　作成日：平成　　　年　　　月　　　日（　　）

	不備項目　（例…日付と時間が未記入）	
基本チェック項目	①ご利用者の名前が記載されていない。	
	②日付や時間が記載されていない	
	③何処の場所で起こった事なのか記載されていない。	
	④ご利用者が行動の中で言われた言葉や触れた物について書かれていない。	
	⑤ご利用者がされた行動に対し「なぜ、そのような行動をされるのか？」を聞けていない。または、会話ができない場合には、その際の表情等が記載されていない。	
	⑥ご利用者がされた行動に対し、対処した内容が記載されていない。	
	⑦記載者名が書かれていない。	
総合チェック項目	①5W1H（いつ？どこで？誰が？何を？どうした？）の基本がなく、前後の記録に付随したことも記載せずに、文章が省略されている。	
	②ケアの根拠が書かれていない。	
	③具体的な内容が書かれていない。	
	④過去形にする一場面の出来事で記載しておらず、時間の流れ（日中・夜間等）で記録が書かれていない。	
	⑤誤字脱字のない、誰が見てもわかる文章になっていない。	
その他の項目	①	
	②	
	③	

IV 介護記録を書くポイントとそのチェック

※1週間の介護記録をあらためてチェックしてみましょう！

カウント （例…正T）	①	②	③	④	⑤	⑥	⑦	⑧	⑨	合計 （例…7）	順 位

V 介護記録をスラスラ書くための用語・名称解説 (P.69までの図表も！)

1 介護記録をスラスラ書くための用語解説（五十音順）

あ

● アクティビティ → レクリエーションなど

施設で提供するサービス活動で、ご利用者が心身共に健康になるために行ないます。ゲーム、スポーツ、音楽など、さまざまな活動があります。

● アセスメント → 課題の分析と評価

介護をするために必要なケアプランを作成するための基本情報を集めて整理・分析し、評価することです。基本情報にはご利用者の希望や日常生活、健康状態など、さまざまあります。

い

● 移乗動作（いじょうどうさ） → 乗り降りする動作

「ベッド↔車イス」「車イス↔便座や食堂のイス」「杖や松葉杖↔車」など、日常生活の乗り降り動作は不可欠な行為です。移乗頻度がマスト、QOL（P.66参照）が高まります。

● インスリン → 血糖を低下させるホルモン

糖尿病の治療に用いられるなどするもので、血糖を低下させるホルモンです。膵臓で作られます。インスリンの種類には、超速効型や速効型、持効型などがあり、用い方も違います。

う

● 運動療法（うんどうりょうほう） → 運動リハビリテーション

リハビリテーションの種類のひとつ。運動によって体によい効果をもたらす目的で実施されます。生活習慣病に対するもの、整形外科的疾患に対するものなどがあります。

え

● 腋窩（えきか） → 脇の下

正しくは「上腕と胸壁に挟まれた肩関節の下にある空間」といったように場所を示しますが、わかりやすく俗称の「脇の下」を使ってよいでしょう。脇の下は体の深部と近いため、体温測定に使われます。事前に汗を拭き取りましょう。

● 嚥下障害（えんげしょうがい） → 食べ物がうまく飲み込めない障害

嚥下とは飲み込むこと。生活の中では、食物や飲料、唾液などを飲み込みますが、加齢や認知症、寝たきり、脳血管障害などでこれが困難になる場合が少なくありません。

か

● 疥癬（かいせん） → かゆみを伴う皮膚の病気

ヒゼンダニによる皮膚の病気。皮膚の角質内に寄生し、皮膚を食べて卵を生んだり、糞をして炎症を起こすなどしてかゆみが発生します。施設で集団感染する可能性があります。

● 喀痰（かくたん） → 咳といっしょに出る痰

痰には粘液性、膿性、血性などがあり、いずれも喉に詰まると呼吸困難になる恐れがありますので吸引が必要です。また喀痰がたまったまま食事をすると嚥下障害になりやすいことを覚えておきましょう。

● 患側（かんそく） → 受傷などで片麻痺状態になった側

脳血管障害などで片麻痺になり、不自由になった側のことです。受傷していない自由な側は健側といいます。

● 緩和ケア（かんわ） → 痛みを和らげる医療

末期ガンなど病気が重くなって治る見込みがなくなった場合に、ご利用者の痛みや家族の悩みを和らげるために行なう医療のことです。

き

● 気道確保（きどうかくほ） → 空気の通り道のつくる

空気は鼻や口から入り、気道を通り、肺に達します。しかし、意識がなくなると舌の根元や吐いた物を喉に詰まらせて気道をふさぐことがあるため、気道確保が必要となります。

● 逆流性食道炎（ぎゃくりゅうせいしょくどうえん） → 胸焼け

いわゆる「胸焼け」。慢性化すると食道がんの原因となります。病気や腹圧の上昇、加齢による体内の機能低下などによって胃酸が食道に逆流し、粘膜に炎症を起こします。

● 仰臥位（ぎょうがい） → 仰向け寝

仰向けのことで、基本的な体位のひとつ。就寝時や休息時に用いられるほか、診察時や救急処置・手術時の体位としても用いられます。

● 筋萎縮症（きんいしゅくしょう） → 筋肉が縮む病気

筋肉が縮む病気の総称。脱力から始まり、筋力低下が進むとろれつが回らなくなったり、嚥下障害や呼吸困難になったりします。進行の速さはさまざまです。

……記録ではそれぞれの「→」の右側にある
"わかりやすい言葉"を使いましょう！
(特に外来語や横文字略語)
※言い換えられない場合は、左のままで使いましょう

Vの用語・名称解説の目次
1 介護記録をスラスラ書くための用語解説(五十音順)……P.62~65
2 介護記録をスラスラ書くための横文字略語……P.66
3 間違えたくない！よく使う尊敬語／状態を示す用語……P.67
4 絵でよくわかる！体の名称……P.68
5 絵でよくわかる！体位の名称……P.69

※P.62~66の用語については、『安心介護ハンドブック④ 介護用語これだけは200 医療用語・横文字略語もOK!!』(ひかりのくに)もご覧ください。さらに詳しく紹介しています。

け

● **ケアカンファレンス → 介護のための協議(または)会議**
ケアマネジャーや各介護サービスの担当者が集まってケアプランの作成や見直しを行なう会議のこと。介護保険制度においては「サービス担当者会議」と呼ばれます。

● **経管栄養(けいかんえいよう) → 消化管に栄養を注入して栄養補給**
嚥下障害で口から食べ物を摂取して栄養が補給できない場合に行なう栄養補給法で、消化管に直接栄養を注入します。胃に穴を空けてチューブを入れる「胃ろう栄養法」などがあります。

● **下血(げけつ) → 肛門からの出血**
肛門から出血があったときに使う用語で、多くの場合は便に混じっています。便のようすの表現例はP.67「[4]間違えたくない！よく使う、状態を示す用語」を参照してください。

● **健側(けんそく) → 受傷などで片麻痺状態になっていない側**
脳血管障害などで片麻痺になり、不自由になった側を「患側」と呼びますが(P.62参照)、病気に侵されていない自由な側を「健側」と呼びます。

こ

● **口腔ケア(こうくう) → 口の掃除**
疾患予防、機能回復訓練、健康の保持促進、QOLの向上などの目的で、口の中をきれいにします。歯磨き、歯垢や歯石の除去、うがい、舌ブラシ、義歯の手入れや調整・簡単な治療、体操・マッサージ、などを行ないます。

● **行動障害(こうどうしょうがい) → 異常行動**
異常な行動のことで、例えば徘徊、失禁、乱暴、暴言、不潔行為、異食行動、などが挙げられます。認知症など脳障害により引き起こされると考えられるため、きちんとした理解と適切な対処が必要となります。

● **誤嚥(ごえん) → 誤って気管に入る**
食べ物や唾液などが誤って気管に入ってしまうことで、窒息になったり、肺に入り込んで肺炎を起こしたりする可能性もあります。飲み込む神経の働きが悪いなどで引き起こされます。食べ物ではない異物が気管に入ることを、特に「誤飲(ごいん)」と呼びます。

さ

● **座位(ざい) → 座った姿勢**
正確には、90度に上半身を起こして座った姿勢。重い疾患でない限り、座位で生活をすることが望ましい。端座位、長座位ほかがあります。体位の名称はP.69「[6]絵でよくわかる！ 体位の名称」を参照。

● **作業療法士(さぎょうりょうほうし) → (職業名のため、左のまま使う)**
障害がある人に対して作業療法(リハビリテーションのひとつ)を行なう国家資格者で、医療・福祉の専門職です。「OT」の略語が使われることもあります。

し

● **褥瘡(じょくそう) → 体の一部の壊死**
体の一部の組織が壊死した状態のことで、長時間の圧迫を受けることで血流が悪くなり、引き起こされます。体位改善、血流改善、低栄養対策、感染対策などが必要です。

● **自立支援(じりつしえん) → 自立の促し**
ご利用者を、心身共の自立を促す支援のことで、これからの介護で非常に重要な視点・考え方です。

せ

● **清拭(せいしき) → 体拭き**
病気や体調不良などで入浴できないご利用者の体をふくこと。気分転換、精神安定などの効果もあります。

● **摂食障害(せっしょくしょうがい) → 食べられない病気**
物が食べられなくなる病気で、これにより低栄養状態になることもあります。拒食や過食なども摂食障害に含まれます。

● **せん妄(もう) → 意識障害**
意識の混濁や、幻覚が見えたりするなどの意識障害で、手術後や認知症などによって引き起こされることがあります。

そ

● **側臥位(そくがい) → 横向き寝**
横向きに寝た状態のこと。寝衣交換などで用いられます。半臥位は右斜めに寝。体位の名称はP.69「[6]絵でよくわかる！ 体位の名称」を参照。

あ アクティビティ ～ そ 側臥位

❶ 介護記録をスラスラ書くための用語解説（五十音順）

た

● **体位交換（変換） → 姿勢を変える**

自分の力で姿勢を変えられない人を援助して、姿勢を変えることにより、褥瘡（P.63参照）などの病気や、内蔵の機能低下などを防ぎます。

● **大腿骨頚部骨折 → 太ももの骨折**

加齢によって骨の密度が低くなることで起こりやすくなります。高齢者の場合は骨折すると治りにくく、そのまま寝たきりになるケースもあります。

● **脱水症状 → 水分の不足**

体内の水分量が正常値を下回ると（成人で体重の60％）脱水症状になります。血液の流れが悪くなり、脳梗塞や心筋梗塞などの病気を招く恐れがあります。

● **痰吸引 → 痰の吸い出し**

痰を自力でうまく口から出せない人に行ないます。カテーテルを口や鼻から挿入して吸い出す医療行為ですが、条件付きで看護職が行えることとなっています。

● **端座位 → 座っている**

イスやベッドの端などに腰掛け、足を下に下ろして座っている状態のこと。移乗動作（P.62参照）がしやすくなります。体位の名称はP.69「[6]絵でよくわかる! 体位の名称」を参照。

ち

● **中心静脈栄養療法 → 静脈から栄養を取る方法**

口からの飲食で栄養が摂れない場合に、静脈から栄養を摂る方法。鼻や腹から胃や十二指腸にチューブを通して補給する「経腸栄養法」などがあります。

て

● **低血糖 → 血液中のブドウ糖不足**

血液中のブドウ糖が不足することで、空腹感や震え、冷汗などの症状を起こします。症状が出始めたら、飴玉やジュースを摂取するなどします。

● **ディスポーザブル → 使い捨て**

英語で「使い捨て」の意味。感染予防などのため、医療危惧を再使用せず使い切りにする場合などの用語です。

● **摘便 → 指で便を取り出す**

腸の運動に問題があったり、運動不足で筋力が弱ったりして自分の力で排便できないご利用者の直腸内に指を入れて、便を取り出します。

に

● **認知症 →（疾患名のため、左のまま使う）**

記憶力や判断力などの障害が特徴的な疾患で、脳や体の異常で起こります。日常生活における配慮が必要です。「アルツハイマー型認知症」などがあります。

ね

● **熱中症 →（疾患名のため、左のまま使う）**

体内に熱がこもることで起きる病気の総称です。感覚が衰えた高齢者がなりやすく、特に汗を大量にかいた後などは水分補給などの配慮が重要です。

の

● **脳梗塞 →（疾患名のため、左のまま使う）**

脳の血管が詰まって血液が流れなくなることで、脳細胞が破壊される病気です。手足の運動障害、しびれ、ほかの症状が見られます。「脳軟化症」とも呼ばれます。

は

● **徘徊 → ウロウロ歩き**

目的がなくウロウロと歩き回ること。一見、意味がない行為に思えても理由を伴っている場合があり、行為の背景を知ることが大切です。強制的に止めさせようとしても、かえって症状を悪化させてしまう場合もあります。

● **バイタルサイン → 生命兆候**

体温、呼吸、脈拍、血圧などの、生きていることを示す印。食欲や睡眠、排泄などの日常行為も含みます。これにより、日常の介護における判断基準に用いたり、生命の危険を察知したりします。（P.24参照）

● **廃用性症候群 → 体を動かさないことによる心身機能の低下**

「寝たきり症候群」とも呼ばれます。寝たきりの状態を避けるために、座位の時間を増やしたり、運動行為を増やしたりする必要があります。

V 介護記録をスラスラ書くための用語・名称解説

● **白内障** → （疾患名のため、左のまま使う）
　遠近に関係なく、すりガラス越しに物を見るようにかすむ症状のことで、症状が進むと失明状態に陥ります。手術を受けるなどで症状が改善されることがあります。

● **バリアフリー** → **過ごしやすい環境**
　「バリア」は「壁」、「フリー」は「取り去る」という意味。高齢者や障がい者が心身共に過ごしやすい、やさしい環境づくりをしていこう、というものです。

● **パンデミック** → **病気の大流行**
　世界規模で感染症や伝染病などが大流行すること。インフルエンザなどでは、パンデミック対策として、手洗い・うがいの推奨やマスクの着用などによる予防が重要となります。

ひ

● **ヒヤリ・ハット** → **ヒヤリとしたり、ハッとしたり**
　事故に発展したかもしれない「ヒヤリ」としたり「ハッ」としたりした出来事や事例のこと。ヒヤリ・ハットの例から、予防策を考えることが大切です。

● **標準予防策** → **普遍な予防策**
　手洗いや手指消毒など、院内感染の予防のために用いられる普遍な予防策のことで、すべての患者に適用されます。

● **日和見感染** → （感染名のため、左のまま使う）
　通常の人であれば病原体に対して抵抗力を持っているため病気にならないが、抵抗力が低下した高齢者であれば病気にかかる場合があり、そのようなことを指す用語です。

ふ

● **ファーラー位** → **45度に寝る**
　「半座位」とも。45度に寝ることです。寝たきりの人の食事介助などで用いられます。体位の名称はP.69「[6]絵でよくわかる！体位の名称」を参照。

ほ

● **ホスピス** → **終末期に対応した施設**
　治療の見込みがない病気に冒された人の終末期に対応した施設で、罹患した本人と家族の心身のケアに配慮しています。

も

● **モニタリング** → **評価・点検**
　ケアプランに基いて介護サービスや支援がうまく実施されているかどうかについて、現状を把握し、評価・点検をすること。モニタリングの結果次第で、再アセスメントをし、ケアプランの見直しが行なわれることもあります。

ゆ

● **ユニットケア** → **小規模グループに分け提供されるケア**
　施設の居室を「ユニット」と呼ばれる10人以下の小グループに分け、少人数の専属スタッフによる個を尊重したケアが提供されること。

よ

● **要介護度** → **介護が必要な度合い**
　国による、介護の必要性の程度を表す区分で、1〜5段階で判定されます。5に近づくほど、介護が必要な度合いが高くなります。「要介護（支援）状態区分」とも呼ばれます。

● **要支援** → **日常生活における支援が必要な度合い**
　日常生活で支援がないと、将来、要介護になる恐れがある状態。要支援1と2があり、国に判定されます。

り

● **理学療法士** → （職業名のため、左のまま使う）
　障害がある人に対して、医師の指示のもとに運動や温熱、光線などによる療法（リハビリテーション）を行なう国家資格者。「PT」の略語が使われることもあります。

● **リハビリテーション** → **機能回復訓練**
　ご利用者の心身共の機能を回復させるために行なわれるもの。ご利用者の排泄、入浴、歩行など生活場面で実施される「生活リハビリテーション」のほかに、医学的、心理的、社会的なアプローチで実施されるものもあります。

● **緑内障** → （疾患名のため、左のまま使う）
　視神経の障害により、視野が狭くなったり部分的に見えなくなったりする症状が引き起こされます。重度になると失明状態に陥ります。

2 介護記録をスラスラ書くための横文字略語

A エーディーエル
● ADL → 日常生活動作

「日常生活動作」の略語。日常生活に必要な、着脱、食事、排泄、入浴、移動などの基本動作のことです。ご利用者の状態を知る指標ともなります。

エーエルエス　きんいしゅくせいそうさくこうかしょう
● ALS → 筋萎縮性側索硬化症

介護保険における特定疾患のひとつで、進行性の精神疾患。運動神経が侵されることにより手足や舌の筋肉などがだんだんと痩せ、力を失っていきます。

B ビーエムアイ
● BMI → 体格の計算方法

「ボディマス指数」のことで、「kg（体重）÷m（身長）÷m（身長）」で求められる体格の計算方法で、肥満度を測るための国際的な指標です。

ビーピーエスディー
● BPSD → 認知症の行動障害と精神症状

認知症に伴う「徘徊」「妄想」「攻撃的行動」「不潔行動」など、行動障害や精神症状のこと。「問題行動」というネガティブな意味を持つ表現に対して、中立的な表現として使われることが少なくありません。介護者の言動が影響する場合もあり、注意が必要です。

H エイチアイブイ
● HIV → ヒト免疫不全ウイルス

HIVに感染するとエイズになります。身体の免疫力が低下し、感染症や病気にかかりやすくなってしまいます。

I アイエーディーエル
● IADL → 日常生活の基本動作

「ADL」（＝日常生活動作）を応用して、さらに範囲を広げた活動動作のこと。家事一般や金銭管理など。自立度と実施の困難さの両方の観点で見ていくことが必要です。

アイシー
● IC → 説明と同意

「インフォームド（説明）・コンセント（同意）」の略。患者が、医者から病気や治療法の十分な説明を受けて、同意すること。不安や不信感を軽減するなどの目的があります。

M エムアールエスエー
● MRSA → メチシリン耐性黄色ブドウ球菌

「メチシリン」という抗生物質への耐性を持った黄色ブドウ球菌。抵抗力が低下した高齢者に感染し、院内感染に発展しやすいので注意が必要です。

O オーティー
● OT → 作業療法士

障害がある人に対して作業療法（リハビリテーションの一つ）を行なう国家資格者で、医療・福祉の専門職（P.63で紹介）。

P ペグ
● PEG → 経皮内視鏡的胃瘻造設術

手術により胃瘻を作ります。具体的には、腹部に穴をあけ、胃にカテーテルという管を通して、栄養剤を投与します。

ピーエスダブリュー
● PSW → 精神保健福祉士

精神保健福祉士は精神保健及び精神医療に特化した専門員。精神障害者の社会復帰や家族との調整などを行ないます。

ピーティー
● PT → 理学療法士

障害がある人に、医師の指示で運動や温熱、光線などによる療法（リハビリテーション）を行なう国家資格者（P.65で紹介）。

Q キューオーエル
● QOL → 生活の質

「クオリティ・オブ・ライフ」の略語。人間らしい生活や自分らしい生活を送って人生に幸福を見出せているかどうかの程度を測る概念で、WHOが1989年に提唱したのが始まりです。

S エスティー
● ST → 言語聴覚士

言語聴覚士は、認知症高齢者など言語によるコミュニケーションに問題がある人に対して、評価、訓練、指導、助言、援助などを行なう国家資格の専門職です。

V ブイエス
● VS → 生きている兆候

「バイタル（生きている）・サイン（兆候）」の略で、生きていることを示す基本的な兆候。体温、脈拍、血圧、呼吸などの総称。

3 間違えたくない！よく使う尊敬語

元の言葉 → 尊敬語		元の言葉 → 尊敬語	
会う	お会いになる／会われる	立つ	お立ちになる／立たれる
言う	おっしゃる／お話しになる	楽しむ	お楽しみになる／楽しまれる
落ち着く	落ち着かれる	食べる	召し上がる
行く	行かれる	出かける	お出かけになる
着替える	お着替えになる／着替えられる	眠る	お休みになる／休まれる
聞く	お聞きになる／聞かれる	飲む	召し上がる
来る	おいでになる／お越しになる／いらっしゃる	待つ	お待ちになる／待たれる
する	なさる	見る	ご覧になる
座る	お座りになる／お掛けになる	休む	お休みになる

4 間違えたくない！よく使う、状態を示す用語

ようす	用語・表現例	ようす	用語・表現例
痛み	激しい／鈍い／押すと痛い／患部と離れた痛み／ジンジン／チクチク／ズキンズキン	痰のようす	透明／白色／赤色／緑色／黄色／クリーム色／褐色／茶褐色／黒色／血が混じっている
顔色	血の気が引いている／真っ赤／青白い／黄色み／赤み／茶褐色／土気色／どす黒い	皮膚の色	白い／赤っぽい／青白い／黄色みをおびている／褐色／茶褐色／薄赤色／ピンク色／黒ずんでいる
傷	切り傷／刺し傷／すり傷／やけど／床ずれ／裂けている	皮膚の状態	腫れている／むくんでいる／ただれている／引っかいたあとがある／カサカサ／ガサガサ／ブツブツ／ボロボロ
気分・気持ち	喜んでいる／微笑んでいる／笑っている／大笑いしている／穏やか／落ち着かない／怒っている／激怒している／落ち込んでいる／悲しんでいる／泣いている／イライラ／ソワソワ／元気／イキイキ／ハツラツ／じっと	便のようす	普通便／普通／軟便／軟らかい／硬便／硬い／血が付着している／血が混じっている／黒っぽい／白っぽい／水のような／泥のような／コロコロしている／多量／中量／少量／とても少ない／バナナ1本分
呼吸のようす	息が荒い／時々止まる／胸を大きく上下させている／唸るような音／ハハハ／ハァーハァー／ゼイゼイ／ヒューヒュー／グーグー		

5 絵でよくわかる！体の名称

●正面

- 頭頸部(けい)
  - 頭
  - 顔
  - 耳
  - 口
  - 頸(くび)
- 眼
- 鼻
- 手の平
- 手
- 手首
- 肘
- 体幹 →体
- 胸部
- 腹部
- 上腕
- 上肢 →胸より上
- 前腕
- 体肢
- 下肢 →胸より下
- 大腿(だいたい)
- 膝(ひざ)
- すね
- 下腿(かたい)
- 足首
- 足

●背面

- 後頭
- 肩
- 背部(はいぶ) →背中
- 腰部(ようぶ) →腰
- 臀部(でんぶ) →尻
- 手の甲
- ふくらはぎ
- 踵(かかと)
- 足の裏

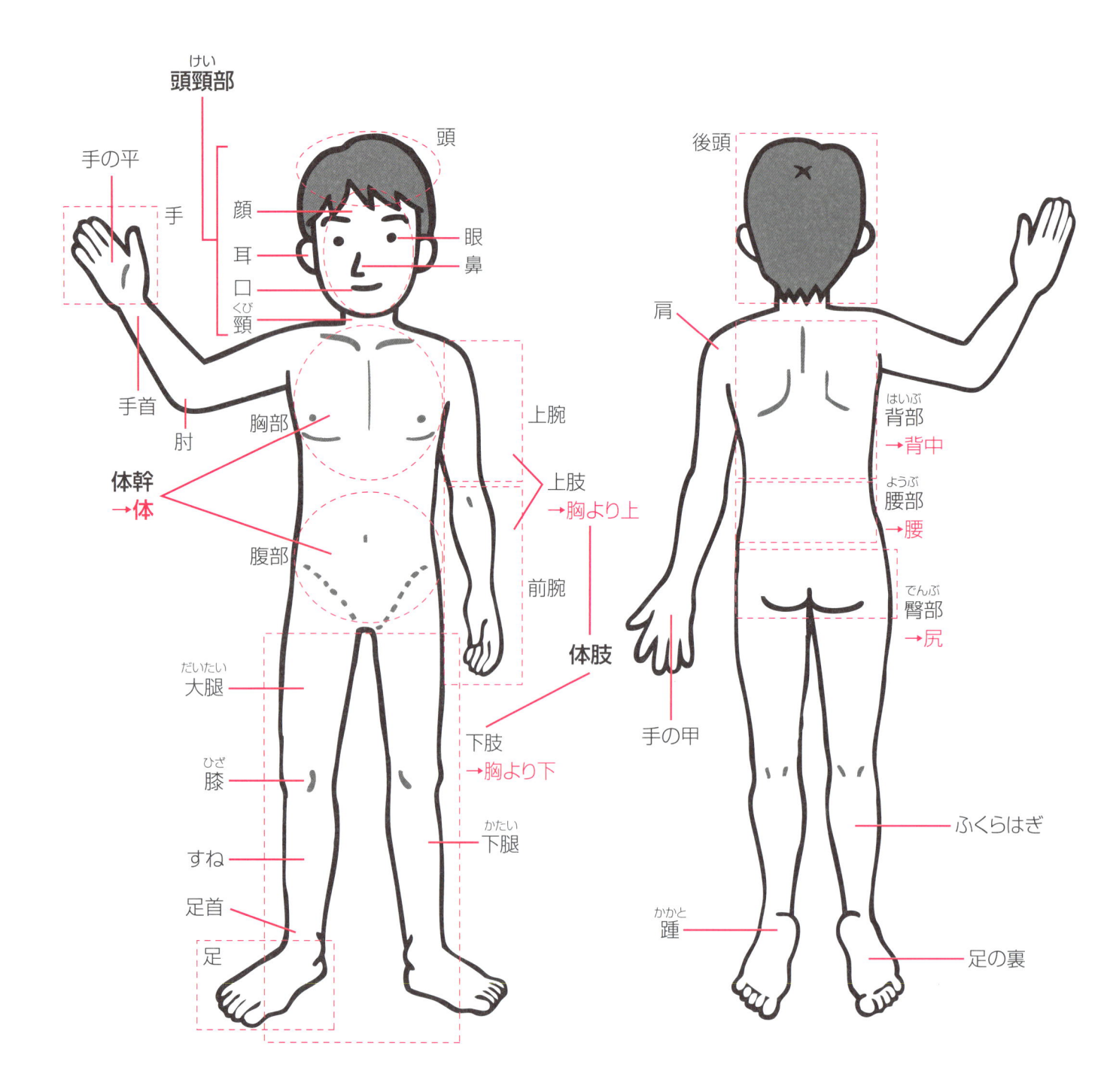

V 介護記録をスラスラ書くための用語・名称解説

❻絵でよくわかる！体位の名称 ……記録ではそれぞれの「→」の右側にある"わかりやすい言葉"を使いましょう！

ぎょうがい（はいがい）
仰臥位（背臥位）
→仰向けに寝る

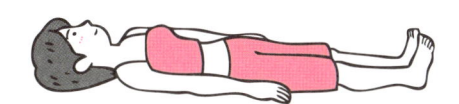

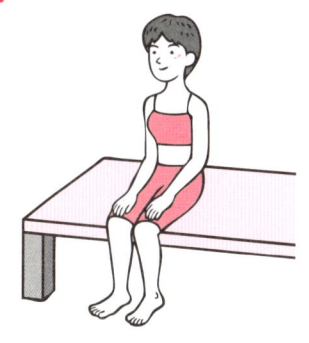

ふくがい
腹臥位
→うつ伏せに寝る

みぎそくがい
右側臥位
→右向きに寝る
※左が下の場合は左側臥位

みぎはんがい
右半臥位
→右斜めに寝る
※左が下の場合は左半臥位

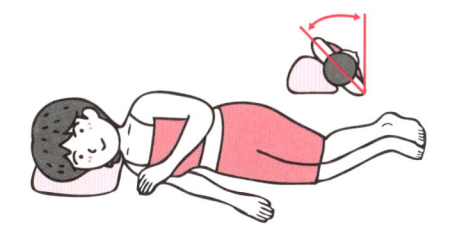

はんざい
半座位（ファーラー位）
→45度に寝る

たんざ
端座位
→イスに座っている

ちょうざい
長座位
→足を投げ出して座る

あぐら

せいざ
正座

わりざ
割座
→くずし正座

69

Ⅵ 介護職のやる気アップQ&A ～介護記録がスラスラ書けるようになるために～

● 介護記録には夢が詰まっています ●

Q…「介護記録」って何のためにあるのですか?

A…目の前にいるご利用者の状態を、現場からよくしていくためにあります。

　介護記録は、ケアプランと介護計画に沿って提供したことを書くものですが、「ただ単なる記録」「その日だけの記録」としてとらえるのはやめましょう。なぜなら、介護は「ケアプランと介護計画から実施する」という考え方もあれば、「介護記録から次のケアプランと介護計画を作っていく」という考え方もあるからです。

　計画を遂行すると、ご利用者が「こういうことができることになった」という前進が多々見られるようになるため、ケアプランと介護計画に反映させていきます。この根拠となるのが、介護記録なのです。この視点の違いは、自立支援にも影響します。目の前にいるご利用者の状態を、現場からよくしていくために介護記録があるのです。

Q…「介護記録」って、あったことを書くだけのもの?

A…介護記録はご利用者と介護者の「夢かなえノート」です。

　介護記録は、ご利用者の夢をかなえる「夢かなえノート」。過去の記録も振り返ることで、ご利用者の夢に近付いているかどうかがわかるツールのひとつです。そして、夢をかなえていくのは、ご利用者と介護者の未来を作ることなのです。

　介護の目標は、ご利用者の希望そのもの……つまり"夢"。将来への明るい未来を示しています。例えば、「○○を食べられるようになりたい」というのがご利用者の夢であれば、それに向かってどう努力をするのか、というケアプランや介護計画とプロセスを作ります。そして、日々、他職種と連携しながら、どうみなさんがかかわっていき、ご利用者の状態が改善しているのかを記録に書いていくことが必要なのです。

　この記録内容が、介護計画とケアプランに反映され、新しいプロセスが導き出され、ご利用者の夢の実現に近付いていきます。また、自立に向けて一歩一歩進んでいるという"見えるかたち"でご利用者に提示することによって、ご利用者の意欲も高まるでしょう。

| VIの介護記録Q&Aの目次 | ● 介護記録には夢が詰まっています……P.70
● 介護記録の書き方の基本……P.71〜74
● そもそも「介護」とは……?……P.74
● 介護の理解を深めましょう……P.75 | ● ご利用者とよい関係を築くためには、真心と先を見る視点が大切……P.76・77
● 記録の悩みいろいろ……P.78
● 職員に育成について……P.79 |

● 介護記録の書き方の基本 ●

Q…語尾をどのようにすればいいか、わかりません。

A…記録は過去形、敬語で書きます。

ご利用者がなにかをおっしゃった場合、「言う」ではなく「言った」になります。記録は実施された介護の後に書くわけですから、語尾はすべて過去形です。

「楽しかった」と笑顔でおっしゃいました。

また、介護記録はご家族も含めた関係者が読むものです。ご家族に開示した際、適度に不愉快な思いをされないよう、「言った」ではなく「おっしゃった」と敬語を用いるようにしましょう。記録というのは、円滑なコミュニケーションを取るためのツールでもあるのです。

Q…記録に何を書いたらいいのかわからないので、時間がかかってしまいます。

A…「特変なし」とは書かないようにします。

　介護記録に書くべきことは、まずはケアプランと介護計画に沿ってサービス提供を行なった結果についてです。

　次に、ご利用者が体調を壊したことや、ご利用者間でのトラブルなど。在宅の場合は、ご家族からの連絡ノートの側面も含めて、口頭または文書でご依頼された内容をきちんととらえ、それを根拠に書くことが大切です。

　また、記録には「今日もお元気そうに過ごされていました」「特変なし」などの書き方はやめましょう。人の生活をとらえる限り、その人に変化がないということはあり得ません。ご利用者の変化に気づくようにしましょう。

Q…介護記録を書くときに気をつけるべきこととは？

A…「うまく書こう」と思わないようにしましょう。

　介護記録は事実をありのままに書きましょう。人は、得た情報に自分が感じた自分なりの"なにか"を足したがる傾向があります。意外に、見たまま聞いたままを書くのは難しいのです。

　しかし、客観的な記録を書くのが介護者の仕事です。「うまく書こう」とせず、あったままを書くようにしてください。

Ⅵ 介護記録のやる気アップQ&A

Q…介護を充実させたいので、介護記録を書く時間が惜しいのですが……。

A…介護記録は"必ず"書かなければならないものです。

　介護記録は、ケアプランと介護計画を遂行させるために必要であり、介護保険の記録の整備のコンプライアンス面でも欠かせません。介護保険法にも明記されています。
　記録を付けておかなければ、大きな事故へとつながることがあり、さらに自分の身も守れません。その意味もきちんと捉えて、介護記録を書く時間をつくり、みなさんが頑張った証をしっかり残しましょう。

Q…介護記録を書く時間を作る工夫があれば、教えてください。

A…「介護の見える化」をする工夫などがあります。

　実務分担表を作り「介護の見える化」をする工夫などによって、記録を書く時間が捻出できることもあります。
　記録は正社員しか書かず、非常勤や登録ヘルパーが書いていないところもあるようですが、スタッフはみんな、よいケアをするためのチームの一員です。みんなが責任を持ってかかわったことを書く時間が作れるような態勢を築きましょう。

Q…介護記録に専門用語を使ってもよい?

A …略語・専門用語など難しい
言葉の使用は控えます。

　介護記録は、関係者全員にわかるように書く必要があります。専門用語がわからないご家族などにも伝わるように意識して書くことが大切です。
　略語・専門用語など難しい言葉の使用は控えましょう。

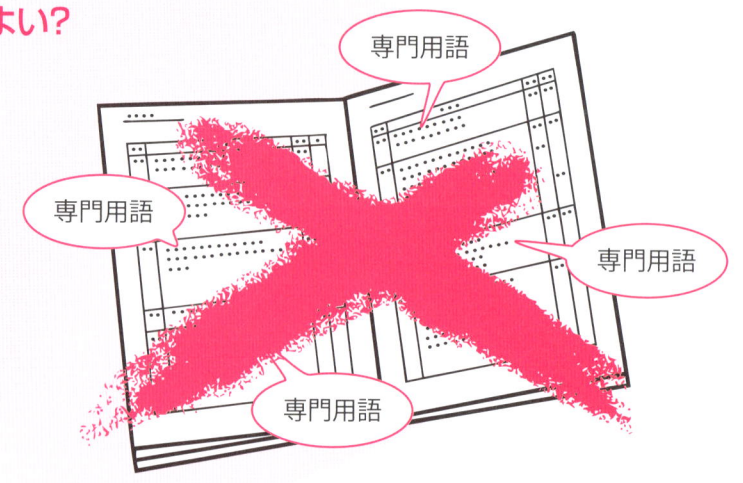

● そもそも「介護」とは……? ●

Q…介護のやりがいとは何でしょうか?

A …介護者とご利用者、そのご家族はじめ、社会全体のみんなが元気になり、やがては幸せな未来をつくっていけることです。

　介護は、介護者とご利用者による互いの努力の蓄積で、要介護度を下げていき、ご利用者の希望をかなえて元気にすることが目的です。人を幸せにするには、自分がまず元気でなくてはなりません。ご利用者を元気にするために、介護者が元気でありましょう。そして、ご利用者が元気になれば、それが仕事のやりがいとなり、しぜんと自分も元気になれます。介護をとおして、介護者とご利用者が元気になれること。これが介護のすばらしいところであり、やりがいなのです。
　この成果と喜びは、ご家族にも伝わっていきます。さらには、ご利用者やそのご家族に関係している地域の人々にも影響し、やがては社会全体をよくしていくことにつながるのです。あなたの介護によって、社会全体のだれもが元気になり、みんなの幸せな未来が築けます。広い視野を持って、介護のやりがいを感じつつ、まずは目前のご利用者を幸せにしていきましょう。

● 介護の理解を深めましょう ●

Ⅵ 介護記録のやる気アップQ&A

Q…「これからの介護」は、今までの介護とどこが違うのですか？

A…「在宅復帰」という考え方と、「自立支援」という考え方の評価が強化されました。

　これからの介護は「在宅復帰」と「自立支援」が強化されることになりました。そのため、これらの視点や考え方がより評価されるようになります。介護者は要介護度4や5の人を在宅復帰に結び付けられるかどうかが大切になってくるのです。
　これまでのように「してあげる介護」ではなくて、みずから動いていただき、みずからの力で生きようという気持ちを大切にしていく介護に努めましょう。

Q…他職種との連携はどうしたらいいですか？

A…介護のプロとして、謙虚な気持ちで積極的にかかわっていきましょう！

　介護は、多職種がかかわって初めてご利用者を元気にできる仕事です。ご利用者の健康管理をするうえで必要な知識を持っているのは医師や看護師。生活部分の可動域を広げるうえのノウハウを持っているのが理学療法士や作業療法士など。栄養管理の部分を管理しているのは栄養士。そして、介護者はそれぞれの人たちの知恵を借りながら、ご利用者に日々接して状況を正しく把握し、元気にしていくことができるのです。
　介護者は、まず、自分から他職種の人たちに歩み寄り、「わからないことがたくさんあるので教えてください」という謙虚な気持ちで、しかし積極的にかかわっていきましょう。そうすることで、関係者間の円滑なコミュニケーションが築けます。さらには、みなさんの知識や技術の向上にもつながり、介護の質が向上していきます。
　介護のプロとして、自信を持って他職種とつながりましょう。

● ご利用者とよい関係を築くためには、真心と先を見る視点が大切 ●

Q …ご利用者とうまくコミュニケーションを取るためには、どのような心がけをすればよいのでしょうか。

A …「私はあなたを本当に大切に思っていますよ」という気持ちが伝わるようにしましょう。

　介護は体を治療するのではなく、ご利用者の心を見てかかわる仕事です。一見、元気に見えるご利用者も、実はみなさんに気を使って、元気そうにしているだけかもしれない、と考えてください。人は多かれ少なかれ心の中に悩みや不安を持っているもの。特に高齢者は不安や悩みを持っておられることが多く、それがずっと進行していくと、鬱や認知症などの症状が出現する可能性があります。ご利用者が認知症などの場合に限らず、心を見てかかわらなければ、どんな高額な薬を使ったとしても、状態がよくはなりません。薬だけでは人の心は動かせず、元気にできないのです。

　人の心を動かすためには、人の言葉と温かいかかわりが必要です。介護において「私はあなたを本当に大切に思っていますよ」という気持ちが、ご利用者の心の扉を開くのです。

　スキンシップを多くとるのもよいでしょう。ちょっとしたあいさつや握手でもいいのです。毎日少しずつこれらを繰り返すことで、しぜんとコミュニケーションが取れるようになっているはずです。

Q …訪問介護で、「もう私は年だから何もできません」とご利用者に言われ、困っています。

A …「お手伝いいただいていいですか?」の姿勢でお願いしてみましょう。

　ご利用者に「もう歳だから何もできない」と言われることがあるかもしれません。「自立支援のための介護ケアプラン」「自立支援のための介護目標」を達成するには、ご利用者にできることはいっしょにやっていただくように工夫を凝らすことも大切です

　例えば「すみませんが、ちょっと○○をお手伝いいただいてもいいですか?」とお願いしてみましょう。「手伝ってあげてもいいかな」と思える雰囲気づくりが大切です。

VI 介護記録のやる気アップQ&A

Q … 「よくなりたい」「長生きしたい」という意欲に乏しいご利用者への声かけに悩みます。

A…その人の存在を認める声かけをしましょう。

　ケアプランの意向にご家族の声として「このまま元気で長生きさせたい」とあっても、本人の意向の欄に「よろしくお願いします」としか書いていないケースがありました。ご本人に訪ねてみると、「私はもういいわ。生きていてもしようがない」と言うのです。

　このような場合は、「○○さんに毎日お会いして、いつも元気をもらっています。ありがとうございます」「○○さんにいつもこういう言葉をかけてもらって、励まされているんですよ。○○さんにお会いするのが楽しみなんです」などと伝え、その人の存在意義を認めることが大切です。

Q …送迎のとき、歩行器のご利用者が自分で歩行器を持ち上げて送迎バスに乗せました。突然のことでよい褒め方やことばがけに迷ったのですが、教えていただけますか？

A…次のステップに進むためのことばがけを！

　よいことばがけは、そのご利用者が次のステップに進むのに背中を押す効果があります。「よい褒め方や声かけ」など表面上の対応策に頭をひねるのではなく、次のステップに進むための方法を考えるべきです。

　例えば、「そろそろ歩行器ではなく、四点杖を使ってみましょう」「○○さんが杖を使わないで歩けるようになった。うれしい！」など、場面ごとに次のステップに進む意欲が沸く言葉を伝えてみましょう。

　また、介護記録にも書くようにしてください。

● 記録の悩みいろいろ ●

Q …通所介護でリクリエーション中に事故が起きました。どのように記録を残せばよいでしょうか？

A …あったことをしっかりと記録に書いて、振り返り、カンファレンスを行ないます。

　まずは、今回の事故を、そのまま、しっかりと記録に書きましょう。これが、次の事故防止につながります。記録が終わったら、同じことが起きないためにどうするか、過去の記録から読み取ります。今回の事故につながるヒヤリ・ハットにつながるヒントが書かれていないでしょうか。

　それが終われば、カンファレンスを行なってみんなで話し合います。今後、二度と同じ事故を起こさないために、記録をしっかりと活用しましょう。

Q …介護記録と看護記録が別々にありますが、一本化したほうがよいでしょうか？

A …1冊の記録で共有し、連携を密にしましょう。

　介護と看護は、1冊の記録で共有しましょう。なぜならば、看護をどのようにとらえ、どのような対応がなされているかがわからなければ、介護もどのようにしていけばよいか、迷ってしまうからです。逆に、介護内容をしっかりととらえることで、適切な看護が行なえます。記録によって、介護と看護の連携を密にしましょう。

　記録には、介護と看護の内容によって、ボールペンの色を変えるなどの工夫をするとよいでしょう。

Ⅵ 介護記録のやる気アップQ&A

● 職員の育成について……

Q…施設の管理者をしています。職員がご利用者のことをよく理解してくれず、コミュニケーションもうまく取れないことに困っています。

A…若い介護者には「置き換え型」で話をしましょう。

　自立支援を進めるために、管理職は若い介護者に話をするときは、置き換えの言葉で、「もし自分だったらどうか？」という話し方を心がけましょう。

　もし若い介護者に「自分がご利用者の立場なら、何を思う？」と聞いてみると、「元気になりたい」と答えるでしょう。そのとき、「では、あなたが担当しているご利用者はどう考えているか？」と聞いてみるのです。そうすると、ご利用者が本当に望んでいることが理解できるはずです。また、ご利用者がしてもらいたい声かけやコミュニケーションについても考えられるようになるでしょう。

　「自分だったらどうか？」を考え始めることで、"至れり尽くせり"の介護より、自立支援型の介護が望まれることが分かってきます。ご利用者に"至れり尽くせり"の介護を続けていては、ご利用者の意欲は引き出せません。ひいてはご利用者の長生きの夢もかなえられず、もっと広い視野で考えれば、介護や医療などの費用負担もかさむことで、やがては介護保険制度の破綻を招いてしまうかもしれません。

　管理職は「置き換え型」で話をすることを通じて、介護者の意識を変えていきましょう。

協力

社会福祉法人 アルペン会

編著者

株式会社ねこの手　代表取締役

伊藤亜記（いとう・あき）

　短大卒業後、出版社へ入社。祖父母の介護と看取りの経験を機に、社会人入学にて福祉の勉強を始める。98年、介護福祉士を取得し、老人保健施設で介護職を経験し、ケアハウスで介護相談員兼施設長代行を務める。その後、大手介護関連会社の支店長を経て、「ねこの手」を設立。現在、旅行介助サービスや国内外の介護施設見学ツアーの企画、介護相談、介護冊子制作、介護雑誌の監修や本の出筆、セミナー講師、TVコメンテーター、介護事業所の運営・営業サポートなど、精力的に活躍中。

　2007年7月に発刊された『添削式　介護記録の書き方』（ひかりのくに）は14刷となり、介護業界の書籍や雑誌販売が難しい中で1万8千部を突破するベストセラーとなる。医療・福祉法人の顧問や役員も多数務め、2010年4月子どもゆめ基金開発委員、2012年9月株式会社ゲストハウス役員に就任。主な講演としても全国からの行政等からの依頼で、「介護記録」「実地指導対策」等、多数の講演テーマでも行なっている。

○ 介護福祉士
○ 社会福祉主事
○ レクリエーションインストラクター
○ 学習療法士1級

【ホームページアドレス】http://www.nekonote335.com

介護福祉士・伊藤亜記の介護現場の「ねこの手」シリーズ③
介護業界のねこの手　伊藤亜記の

入門！介護記録

2013年5月　初版発行
2017年6月　3版発行

編著者　伊藤亜記

発行人　岡本　功

発行所　ひかりのくに株式会社

〒543-0001　大阪市天王寺区上本町3-2-14　郵便振替00920-2-118855　TEL06-6768-1155

〒175-0082　東京都板橋区高島平6-1-1　郵便振替00150-0-30666　TEL03-3979-3112

http://www.hikarinokuni.co.jp

印刷所　凸版印刷株式会社

©2013　Aki Ito
乱丁、落丁はお取り替えいたします。

Printed in Japan
ISBN978-4-564-43075-6　C3036
NDC369.17　80P　26×21cm